뾰족구두를 벗은 초록여우

뽀족구두를 벗은 초록여우

양효숙 지음

詩와에세이

작가의 말

인간미 있는 맨얼굴과 진정성 있는
벗은 발에 시선이 머문다.
뾰족한 변수나 반전 없이 지나가는 일상에서
비정규직 애환과 벗은 발의 피로감이 해소되길 꿈꾸며
지금
나의 뾰족구두와 초록여우의 안녕을 묻는다.

2020년 산수유꽃 필 무렵 학교도서관에서
양효숙

차례

작가의 말 · 05

제1부 연둣빛 그리움

할매 · 11
생각 구멍 · 17
집 · 22
늙은 장미 · 28
지리산 동창회 · 34
산수유 · 39
감 · 44
지리산 통학버스 · 49
아름다운 그늘 · 54
항문이 가렵다 · 59

제2부 빨강 열정의 순간

검은 오월 · 67
가방 · 72
북적Book적 도서관 · 77
꿈꾸는 조랑말 · 82
초록여우 · 87

길 위의 미루나무 · 92
자유부인 · 99
바둑과 글쓰기 · 104
세탁기 사망진단서 · 110
인연 · 116
그녀의 치아 · 121
사람을 읽는다는 것 · 127
동선 · 132

제3부 보란 듯이 사는 나
센 여자 · 139
쉰 살 · 144
숨 고르기 처방전 · 150
글 쓰는 나무 · 156
책 속으로 숨어들다 · 161
책 장례지도사 · 166
강남 눈썹 · 171
일품 결혼 · 176
학교도서관 일기 · 181
의미형 인간 · 186

제1부

연둣빛
그리움

할매

 엄마의 엄마인 사람이 누군지를 다섯 살배기 아들에게 알려줬다. 외할머니와 여름휴가를 보내면서 이다음에 엄마도 할머니가 된다고 했다. "엄마가 할머니 되면 죽잖아! 그럼 슬프잖아" 말한다. 엄마의 부재와 죽음이 뭔지 알까. 할머니의 죽음을 그린 동화책을 읽어줬더니 슬프다고 하면서도 자꾸만 읽으란다.

 나이 든 여자를 할머니라고 부른다. 할머니에게 막상 할머니라고 부르면 늙은 언니로 불러주길 바란다. 할머니가 더 늙으면 할미나 할매가 될까. 표준어로 할머니라고 말하면 도시 할머니의 화장품 냄새가 난다. 세련된 할머니보다는 화장기 없는 주름진 얼굴로 경로석을 차지하는 할매가 나는 정겹다. 주름으로 웃는 할매들의 얼굴이 인상에 남는다. 주름살을 없애버린 할머니에게 주름살을 그려놓고 도망치고도 싶다.

 나의 할매는 아흔 넘어까지 살았다. 할매를 생각하면 상상력이 풍부해진다. 전래동화 몇 편이 숨어 있는 느낌이다. 이 세상보다는 저세상에 가까운 사람처럼 보이기도 한다. 요강을 끼고 살던 할매가 아기처럼 누워서 떠먹여 주는 밥을 받아먹으면서도 시어머니 역할을 한다. 맛이 없으면 숟가락을 밀쳐내고 삐치는 할매를 살살 달래야 했다.

 인기척이 없는 할매 방의 고요를 스스로 적막강산이라고 부르짖었다. 때가 되면 학교 갔던 손자들이 할매 방에 파고들어 양푼에 밥을 비벼서 먹던 들기름 냄새마저 사라졌다. 마실 다니기 좋아하던 할매 친구들은 저세상으로 이사를 가버렸다.

엄마는 흙집 문고리에 숟가락을 걸쳐두고 밭일을 하다가도 끼니때가 되면 돌아와야 했다. 여느 때처럼 집에 들어서는데 할매 방 문이 열려 있다. 아랫목에 누워만 있던 할매가 엄마의 나들이옷을 꺼내 입고 윗목에 앉아 있다. 스타킹까지 신고 앉아서 엄마를 반긴다. 저승사자 대하듯이 밀쳐내는 할매의 힘에 나가떨어지기도 하고 때론 천사처럼 붙들리기도 했다. 어떻게 나들이옷을 꺼냈는지보다 왜 그랬는지가 더 궁금했다. 아마 저승길을 예쁘게 차려입고 가고 싶었나 보다.

숱이 없는 흰 머리카락에 새끼 꼬듯 붉은 헝겊을 넣어 비녀 꽂은 할매에게 엄마가 가위를 들고 다가섰다. 엉킨 머리카락을 풀면서 얽힌 인연의 고리를 자르는 것처럼 보였다. 저승에 가져갈 것이 머리밖에 없다고 고집 피우던 할매 머리카락이 가위질 몇 번에 정리된다. 마치 탯줄이 잘리는 의식처럼 파고든다.

지리산 산동네에서 태어나 여자가 되고 애미로 살다가 그곳에 묻힌 할매다. 바느질 솜씨가 좋았던 할매의 고왔던 한때를 기억하는 이들도 몇 되지 않는다. 곡식을 햇볕에 내어 말리는 맷방석을 만들고 지푸라기로 새끼를 꼬아서 망태를 만들기도 했다. 밥을 짓는 부엌일보다는 소꼴을 망태 자루 한가득 베어 나르는 일을 좋아했다. 뜰방에 앉아 손녀가 뜯어온 쑥을 고르며 해맑게 웃었다. 이빨 없는 웃음소리를 소금 양치질로 맑게 헹궈냈었다.

서울에 있는 치과에서 일하다 할매가 돌아가셨다는 전화를 받았다. 짚단 위에 두 손을 모으고 누운 할매의 주검을 보았다. 문밖출입이 자유롭지 못해도 동구 밖까지 나와서 손을 흔들었던 그 손에는 검버섯이 짙게 피어 있다. 이번에는 내가 할매 자리에 서서 작별인사를 했다. 밥을 먹고도 밥 먹지 않았다고 이제 언성 높이는 일이 없을 것이다. 허기진 배를 움켜쥐고 주무르면서 뱃속에 뭐가 숨어 있다고 말하는 일도 없다.

할매 장례식 날 동네 아주머니들은 마실 와서 요리하듯이 음식 준비를 했다. 장례식을 농사일 서로 품앗이하듯이 받아들이고 도왔다. 슬픔보다는 오히려 기쁨이 마당

가득 찾아들었다. 할매에게 마지막 친절을 베푸는 연회 같다. 문고리에 꽂았던 숟가락을 빼내어 밥을 먹는다. 할매는 따스한 아랫목을 독차지하고 살더니 따뜻한 계절에 떠났다. 낡은 집에 밤새도록 불을 켜놓기는 그때가 처음이다. 모깃불을 피워둔 채 이쪽저쪽에서 웃고 술에 취해 떠들다가 잠들었다. 죽은 할매의 관 옆에서 자다가 꿈에 시달렸다. 정을 떼고 가려는지 무섬증을 줬다.

할매의 꽃상여가 요골 도라지밭을 향해 떠났다. 내 웃음소리는 할매 웃음소리를 닮았다. 할매처럼 웃는다고 막내 고모가 호탕하게 웃는 흉내를 낸다. 제대로 된 동화책 한 권 없던 집에서 할매는 이야기를 만들어 재밌게 들려줬었다.

홍시를 오물오물 이유식처럼 받아먹으며 깊은 잠에 빠져들던 할매였다. 할매와 함께 태어나고 무르익었던 이야기들을 아이 베갯머리에서 들춰낸다. 이야기를 먹고 자라는 아들이 단잠에 빠져든다. 어느새 엄마에게서도 할매 냄새가 난다. 할매 옷을 다 태우지 못하고 주섬주섬 걸쳐

입고 살더니 할매를 닮아간다. 나는 엄마 옷 입고 엄마는 할매 옷 입고 그렇게 옷을 갈아입다가 몸의 집인 몸집을 떠나간다.

생각 구멍

 구멍들이 숨을 쉰다. 축농증이라는 진단을 받고 다섯 살배기는 쌕쌕 숨을 쉰다. 거친 숨소리는 짧은 밤을 길게 이어 붙인다. 평화롭게 잠든 두 눈 보면서 씽긋 웃다가도 막힌 콧구멍을 지나면 가슴이 답답하다. 벌어진 입술이 안쓰럽다. 축농증으로 뻐드렁니가 될까 봐 마른 입술을 붙여도 본다. 입술을 붙이면 콧구멍이 순간적으로 뻥 뚫릴 것만 같다.

 할매 숨소리를 확인하려고 임종을 지키듯 불안에 떨었던 긴 밤이 있었다. 할매는 푸푸 숨을 내쉬다가 한동안 멈췄다. 할매를 위한 요강에 앉아 볼일 보면서 사람의 죽음을 생각했던 어린 애가 어느새 엄마가 되었다.

지금은 이비인후과나 치과가 가까운 곳에 있지만 어릴 적 면소재지엔 없는 게 많았다. 살면서 솟아날 구멍은 늘 있다고 믿었다. 힘들 때마다 사람들은 이를 악물며 견뎠다. 그렇게 사는가 보다 생각하며 살았다. 영구치가 밀고 올라오면서 내 유치들도 하나하나 흔들려 뽑혔다.

지붕 위에서는 할매 이빨과 내 이빨이 뒹굴었다. 까치에게 헌 이빨 가져가고 새 이 물어다 달라고 노래한 할매 노래가 끝나자 할매 입안에서 내 이빨이 올라오는 꿈을 꾸다 깼다. 고추 전구 불빛 아래서 여전히 푸푸 숨을 내뱉는 할매 입을 보다 숱이 없는 머리카락으로 옮겨갔다. 흰 머리카락 사이로 까만 머리카락이 올라와 있다. 나이 먹는 손녀와 나이를 먹지 않는 할매로 어느 지점에서 만날 것만 같은 상상이 됐다.

할매 몰래 충치 먹은 내 어금니를 들고 개울가로 나갔다. 핏물을 씻어낸 후에 차돌멩이를 골라서 이빨을 깨뜨

렸다. 이빨 벌레가 꿈틀꿈틀 기어 나올 줄 알았는데 보이지 않는다. 아마도 핏물과 함께 물에 씻겨나갔거나 너무 작아서 눈에 보이지 않았을 것이다. 지붕 위로 던져야 할 이빨을 빼돌렸기에 멈칫하며 이런 행동을 누군가 지켜보지 않을까 둘러봤다. 눈에 보이지 않는다고 없는 게 아니다. 이빨 요정이나 이빨 도둑이 어딘가에 있을 것만 같았다.

십여 년이 넘도록 치과에서 일하며 이가는 소리를 들었다. 할머니 치과의사는 당신 이빨이 빠진 채 남의 이빨에 구멍을 뚫고 땜질하기 바쁘다. 눈에 보이지 않는 존재들 행동에 상상의 여지가 있다. 딱딱한 곳에 구멍을 뚫는 녀석들을 보면 늘 연하게 생겼다. 누르면 진물이 날 듯하다. 꿈틀꿈틀 파고드는 징그러운 힘이 대범하다.

가난한 흙집을 갉아 먹고 구멍 내는 녀석들이 들뜬 벽지를 타고 다녔다. 쥐구멍 막는 엄마 뒤를 따라다니며 숨죽인 쥐들의 죽음을 상상했다. 주검을 통해 죽음을 본다. 분출구나 비상구 하나 없이 살아야 했던 엄마 인생도 보인다. 구멍은 언제나 새로운 세계와 맞닿아 있다. 구멍 속에 갇혔다고 생각하는 순간 솟아날 구멍 찾기 바쁘다.

생각 구멍이 커지는 듯 윙윙 소리가 난다. 생각이 자라는 모습이 소리로 들리고 보인다. 콧구멍이 뚫리는 날이면 아들은 무엇이든지 돌리고 굴리며 논다. 각이 있는 세모와 네모마저도 돌린다.

상상의 코드가 많은 아들 뒤를 따라나선다. 귀여워서 한 가슴 껴안아 주면 귀여움이 내게로 옮겨간다며 품속을 벗어난다. 목욕을 시키면 귀여움이 비눗물에 씻겨 나간다고 그만 씻으란다. 차 타고 움직이면 팔을 벌린 채 서 있다. 강아지 길들이듯 앉으라 하면 바람을 껴안아 주는 중이란다. 진짜 강아지를 보더니 강아지 털 하나 뽑아가잔다. 털을 땅에 심으면 예쁜 강아지가 나올 거라며 강아지가 듣기라도 하듯 귓속말로 속삭인다. 그래서일지는 몰라도 강아지들이 이따금씩 땅을 판다.

구멍 중에서도 가장 큰 구멍은 아마도 구멍이 아닐 것이다. 구멍은 작고 예쁜 느낌으로 다가오기 때문이다. 상상 구멍이라는 그럴듯한 생각 구멍을 만들어서 호기심 삽질을 한다. 보이는 구멍과 보이지 않는 구멍들이 서로 소통하기 바쁘다. 자궁 소리를 초음파로 들었던 경이로움마저 되살아난다. 나는 어느 구멍에서 사는 중일까.

집

 사라져가는 것들이 살아가는 법을 알려준다. 모든 건 태어나서 죽는 그 사이만을 살 뿐이다. 사라지기에 오히려 가치가 드러나고 살아 있음에 대한 의미마저 생긴다. 마지막 순간까지 기억해야만 하는 것들이 있기에 때론 잊을까 봐 겁을 먹는다. 정신줄 놓지 않기 위해 긴장하며 촉을 세워도 사람의 힘으론 어찌할 수 없는 게 있다. 댁이 뉘시냐며 딸이 노모에게 묻는 경우도 있다.

 누군가의 집으로 남고 싶다. 혹시라도 짐이 돼 가족들 발목 잡으면 어쩌나 싶어 연명치료 거부 작성을 해놓으려

한다. 집과 짐은 다른 무게감으로 다가온다. 사람의 가슴에 짓는 집이 사랑이어야만 한다. 사랑과 그리움으로 남는 그 집을 가졌는지 궁금하다. 누군가의 집으로 살거나 집이 돼줄 때 사람은 행복하다. 흔들리는 순간들이 서로의 온기로 지나간다.

건물로서의 집만 있는 게 아니다. 제 몸에 집을 갖거나 짓고 살아도 때론 집인 줄 몰라 헤맨다. 정서적인 안식처로서의 집이 누구에게나 필요하다. 서로의 집인 채 제집을 지키고 지켜주는 모습이 아름답다.

엄마라는 집이 있다. 나이와 상관없이 본능적으로 찾는다. 오래된 집에 엄마와 딸로 누웠다. 거실 출입문은 집이 틀어졌거나 문짝이 맞지 않는지 삐걱댄다. 낡은 집에서 새어 나오는 소리에 예민하게 반응하기보다는 자연스럽게 들어 넘긴다.

열아홉 살 차이밖에 나지 않는 엄마와 나 사이에도 소리가 난다. 너 같은 딸이 네게도 있어야 한다고 말하는데 섭섭해서 하는 말이 그나마 아니어서 다행이다. 엄마가 옆에 없을 것에 대해 생각하면 억장이 무너진다.

밥숟가락을 덜어내기 위해 엄마는 얼굴 한번 보지 않은 남자와 열일곱 살에 결혼했다. 내가 덜컥 들어섰고 흙집 아랫목에서 태어났다. 손주들이 태어났던 그 자리에서 할매는 돌아갔다. 쇠죽솥 아궁이에선 불길이 타올랐고 한겨울 문고리가 쩍쩍 들러붙을 때도 아랫목 할매 엉덩이 밑으로 손을 넣으면 따뜻했다. 홑이불 같은 엉덩이를 들어주던 아랫목 사랑이 들춰진다. 할매가 떠나던 날 장판엔 할매 모양이 그려져 있었다. 온몸으로 그림을 그려놓고 떠나셨다. 제법 뜨거운 날도 있었을 텐데 삶의 촉이 무뎌진 채 감각을 잃어갔다. 며느리에게 댁이 뉘시냐고 물었으니 이 땅의 집을 떠나 또 다른 집 찾아가면서 할매도 할매의 엄마를 찾았다. '어메, 어메' 아이처럼 울면서 데려가 달라 했다.

할매가 돌아가신 후 흙집이 헐리면서 아궁이와 아랫목마저 사라졌다. 사람과 함께 사라지는 게 많아 빈자리가 더 커 보이나 보다. 여자들은 아랫배를 따뜻하게 해야 한다고 했다. 생명을 키울 자궁이 그곳에 있어서 온기가 필요한 모양이다.

집터에 조립식 집이 지어졌는데 그 집마저 또다시 헐린다. 이번엔 집이 헐리고 집터마저 수장된다니 하룻밤 자보고 싶다. 할매가 누웠던 흙집의 아랫목은 아니어도 엄마와 단둘이 누워서 이런저런 얘기하며 밤을 보내고 싶다. 이미 수장될 일 없는 큰 동네 한가운데로 이사 갈 집을 구하긴 했다. 물건들 옮기는 일이야 대수냐며 두 다리를 뻗고 누웠다. 집만 낡은 게 아니라 그 집과 함께했던 사람도 늙는다. 내 생각과 다르게 엄마는 금세 코를 골며 잠들었다. 그 옛날 할매처럼 푸푸 숨을 내쉬었다.

사람도 때가 되면 없어지고 사라진다. 오래되고 낡아 잊어버리는 이치로부터 자유로울 수 없다. 엄마도 조립식 집과 함께 생을 마감할 줄 알았나 보다. 엄마의 선택과 다르게 세상은 흘러갔다. 순리대로 흐르는 경우도 있지만 변수의 소용돌이도 있다. 밀물과 썰물처럼 특별한 반전 없이 치고 빠진다. 개울가 옆에서 살다 보니 물에 대한 위험이 늘 뒤따랐다. 젖먹이인 내가 급물살에 휩쓸렸었다는 기억 저편의 얘기도 들린다.

저 산 너머로부터 거대한 물줄기가 넘어올 수도 있어서 하천을 넓혀야 한다. 집이 헐리고 집터가 수장되는 이유다. 절대 있을 수 없는 일이라는 게 살면 살수록 단언하기 힘들다. 상상의 파도에 떠밀려서 하룻밤 정도는 잠을 설쳐도 좋을 듯하다.

흙집에 살던 꿈을 꾸다가 엄마의 인기척 소리에 잠이 깼다. 그 집에서의 마지막 식사처럼 아침 식사 준비를 했다. 엄마 옆에서 찐 마늘도 넣어주고 깨도 뿌려준다. 엄마와 내 얘기가 조미료처럼 뒤섞인다. 거실 가운데를 가리키면서 십 년도 넘은 꿈 얘기를 간밤에 꾼 것처럼 재연한다. 엄마가 꿔 준 태몽 자리로 시선이 갔다. 이 집 짓고 며느리 얻고 손주들 보면서 제법 좋은 일이 많았다. 노처녀였던 나도 시집간다고 뻑적지근하게 동네잔치를 벌였다.

막냇동생이 할머니 집 찾아가라며 애들 셋을 골목에 풀

어놓는다. 냇가 집에서 큰 동네 한복판으로 들어간 건 그야말로 엄마 인생의 반전이다. 몇 년 안 된 새 집을 사서 도배 장판을 하는데 신바람이 나셨다. 붉은 꽃무늬 도배지로 거실과 안방 벽을 장식하면서 콧노래도 흘러나왔을 것이다. 벽에 못을 박고 가족사진이 내걸렸다. 막내의 막내아들이 사진에 없다고 칭얼댄다.

이사 간 집 앞에도 빈집이 있다. 오래 방치됐는데 사겠다고 해도 팔지 않는다. 다시 연어처럼 돌아와 살 거라는 말만 떠다닌다. 빈집에 살고 있는 생명들이 이런저런 인기척에 놀라 덩달아 숨죽인다.

늙은 장미

『지상의 따뜻한 집』이라는 시집에 풋풋한 남편의 얼굴이 있다. 어머니를 노래한 늙은 장미가 돋보인다. 어버이 날이나 생일이 아니더라도 아들은 어머니의 연인처럼 꽃 선물을 했다.

"까막눈이다. 그게 지금은 자랑스럽다"로 시작하는데 시 낭독하듯 읊었다. 어머니를 늙은 장미에 비유한 아들의 마음과 시들지 않고 늙어간 어머니의 마음이 행간에서도 읽힌다. 살아 계시면 여든 너머의 생을 사실 것이다. 며느리 보는 게 소원이라고 말하셨던 그분을 생각한다.

어머니를 향한 마음이 남편과 동일하게 품을 수는 없지만 같은 여자로서의 느낌은 있다.

 사람에 대한 낯을 가리지 않고 잘 따르는 아들까지 낳았으니 며느리로서 사랑받았을 것만 같다. 농사지은 것을 때마다 올려보내시며 잘 받았다는 전화가 오길 하루종일 기다리실지도 모른다. 같이 살자고 하면 마실을 다닐 수 있고 텃밭이 있는 시골집이 편하다고 고집하면서도 자식을 그리워만 하실 분이다.

 결혼 전에 돌아가셨고 한번도 뵌 적이 없기에 시어머니와의 감정은 없다고 생각했다. 전해 듣는 이야기들을 통해 감정이 싹트고 관계도 형성된다. 나의 어머니이며 아들의 영원한 할머니시다. 관계를 통한 인연의 끈은 산 자와 죽은 자 모두를 아우르는 건지도 모른다. 저만치 굽고 허기진 어머니가 기차에서 내리는 게 보인다. 남원에서 서울역까지 아무것도 드시지 않고 자식 집 찾아 삼만 리 하셨다는 어머니 기일을 챙기지 못했다. 친정 부모님이 딸네 집 왔다가 남원역으로 가시면서 드시라고 장인, 장모의 간식거리를 챙기는 남편 눈치가 보인다.

 말이 없는 남편은 잘 들어주고 받아주는 데 익숙하다. 홀어머니의 말동무가 되려고 아들은 시외전화 정액제를 신청해뒀었나 보다. 어머니는 안 계시고 집 전화가 굳이 필요 없는데도 전화번호를 살려뒀다. 아들 목소리가 듣고 싶은 날엔 작은 수첩에 적힌 삐뚤빼뚤 숫자를 하나하나 찾아 눌렀을 것이다. 아들의 전화번호만큼은 외워서 꾹꾹 누를 법도 하건만 왠지 그림은 다르게 그려진다. 아침을 꼭 먹고 다니라는 말 한마디 하려고 전화 걸었을 것이다. 그런 엄마를 향해 아들은 바쁘다고 짜증 부린 날도 있을 테다. 엄마에게 그러면 안 되는데 그래도 되는 것처럼 대할 때가 많아 여전히 신경 쓰였을 것이다.

 5월의 장미가 햇살 속에서 붉게 돋보인다. 어머니라는 벽을 타고 올라가는 덩굴장미처럼 아들은 살고 있는지도 모른다. 어머니라고 붙임성 있게 부르고 싶었던 사랑하는 이의 엄마는 곁에 없어서 더 간절하다. 어머니는 남편의 시가 돼 시(詩)어머니가 됐다.

"나만 바라보시며 이십여 년을 혼자 살아온 당신은 여전히 아름다운 장미이십니다. 내 안에 시들지 않는 오직 늙은 장미로만 존재하소서" 어머니를 향한 마음이 알싸한 장미 향기로 파고든다.

나는 남편을 꽃을 든 남자라고 사람들에게 소개한다. 친정엄마의 소개로 처음 만난 날 장미꽃을 받았다. 두 번째 만났을 때도 꽃을 받았고 세 번째도 그랬다. 처음에는 신선했고 두 번째는 의아했고 세 번째는 뜨악했다. 그다음에는 직접 꽃이 돼 청혼을 했다. 유난히 붉은 장미를 좋아하는 남편은 드러나지 않은 열정으로 가득했다. 나 또한 붉은 장미를 닮아가는 중이다.

결혼을 해서도 남편은 여전히 꽃을 안고 퇴근한다. 기념일이 아닌 날에도 받는 사람은 흔치 않다. 그런 특별한 꽃을 받고도 어느 순간 짜증을 부릴 수 있다는 것을 알았다. 시들어 죽은 장미를 구겨서 쓰레기봉투에 담는 일은 못할 짓이다. 꽃을 꺾듯이 남편 마음을 꺾을 수는 없다. 그래서 살아 있는 화초를 사 오라 했다. 실용적인 화장품도 물론 생각났지만 꽃보다 아름다운 그 마음을 잃고 싶지 않다. 아이를 키우면서 화초에 제때 물을 준다는 것도 안 해본 사람은 번거로운 일이다. 물 먹지 않고도 오래 견디는 화분과 길러서 먹거리가 되는 것들이 자리를 차지한다. 죽어가는 화초에 물을 주고 안타깝게 들여다보는 남편을 나 또한 지켜본다.

마흔넷에 큰딸과 함께 배가 불러 다니신 어머니는 모진 마음먹고 언덕을 구르셨다. 뱃속 아기를 지우기 위한 선택이다. 모진 생명은 인연의 줄을 놓지 않고 정상적으로 태어났다. 엄마 마음을 한번도 속상하게 하지 않고 반듯하게 자랐다. 그래서 아마 어머니란 사람은 더 미안하고 가슴 아팠을 것이다. 더 많은 것을 내어주려고 밥을 굶고 약값마저 아끼셨다. 매달 보내 드린 용돈은 통장에 그대로 찍히기만 했고 훗날 아들은 그 통장을 껴안고 울었다.

중환자실에서 의식 없이 누워서도 아들 이름만 나오면 눈물을 보이셨다는 그분을 보고 싶다. 아들은 어머니가 돌아가시기 전까지 결혼하고 싶은 생각이 없었다. 결혼

날짜를 잡고 가까운 사람들에게 인사시킬 때마다 듣는 말이 있었다. 결혼 안 한다고 입에 달고 다니더니 웬일이냐고 물었다. 이웃에 사신 어머니 친구분들은 며느리가 시어머니를 닮았다고 했다.

나 또한 늙은 장미여도 좋다. 어머니처럼 남편과 아들만 바라보며 살지 않겠지만 두 남자 사이에서 시들지 않는 장미로 살고 싶다. 어머니가 사셨던 집을 그대로 두면 망가진다고 했다. 사람이나 집 모두 인기척을 통한 사람의 온기에 민감한 모양이다. 내려가서 살 형편이 되지 않아 그 집에 사람을 들이기로 했다. 돌담에 장미를 얹어둔다면 더 아름다울 것이다. '지상의 따뜻한 집'은 사람을 이끌고 인연을 만든다. 꽃은 시드는 게 아니라 늙는다.

지리산 동창회

 심장이 뛰지 않는다는 진단을 받고도 지리산으로 향한다. 1박 2일 동창회에 참석하려고 길을 나선다. 임신 6주라는데 어떤 의미로 내 심장 또한 뛰지 않기는 마찬가지다. 뭔가 가슴 뛰는 일을 찾아간다. 내 몸에서 페로몬이 분비되기라도 하듯 개미처럼 흩어져 살다가 개미들처럼 한곳으로 모여들었다.

 페로몬 역할을 스마트폰이 한다. 집단을 유지하려는 집합 페로몬이 그야말로 왕성하게 분비되는 40대 후반이다. 30년 만에 만난다고 생각하니 가슴이 먼저 알고 뛴다. 같은 창문을 갖고도 다른 생각을 하며 살던 친구를 아마도 동창이라 부르겠지. 이런저런 모습으로 살아보고 싶었던 선택의 기로에서 함께 내몰렸던 우리들이다. 너는 이 길 가고 나는 저 길 가다 때가 되면 만나자고 약속이라도 한 것처럼 동창회가 소집됐다.

3월 3일 303명이 입학했다고 30년 전 입학식에서 축사를 하던 교장 선생님의 목소리가 들리는 듯하다. 면 단위 네 개 초등학교 졸업생들이 입학했었다. 다섯 개 반 중에서 혼합반이 하나 있었는데 봉인된 이야기라도 흘러나오지 않을까 싶다.

중학교 때까지 지리산 그늘에서 자랐다는 게 두고두고 자랑이 될 줄 몰랐다. 잠깐 머무는 것과 사는 것은 추억의 농도부터 다르다는 걸 일찍 알아버렸다. 진학만이 진로의 전부는 아니었다. 학생의 신분을 갖고 산다는 것이 누군가에겐 부러움의 대상이기도 하다. 대학생이라고 분류된 또래들이 내겐 그랬다. 스무 살의 결핍이 가만히 있지 못하도록 보챈다.

오래된 결핍과 마주 앉는다. 너머의 넘어를 파고든다. 산수유마을 둘레길이 노랗게 피었다가 계절이 바뀌면 붉게 물들 것이다. 흙먼지 날리는 학교 운동장에서 판을 벌였다. 돼지 한 마리가 통째 삶아지는 동안 순덕이가 바람처럼 일어나 춤을 춘다. 유리 구두를 신기라도 했는지 멈추지 않는다. 음악을 멈추고 그만 추라며 다가가 말려도 소용없다. 멈출 수 없는 춤을 바라보며 상상의 여지를 갖는다.

　바람이 일어나 순덕이 춤을 부채질한다. 바람 소리에 가만히 귀 기울이면 흘러나오는 이야기가 들린다. 운동장을 떠나 둘레길마저 벗어난 지리산 너머의 이야기다. 이야기는 이야기를 낳고 불러들이며 재생하기 바쁘다.

　구르는 낙엽만 봐도 웃던 애들이 허공을 가르는 골만 봐도 웃는다. 그 시절 열 배의 웃음소리가 난다. 또 다른 혼합반처럼 공을 차면서 논다. 골문 향하던 공이 내 아랫배를 두드린다. 그 맷집에 자궁 문이 놀란다. 하혈이 쏟아지기라도 한다면 난감하다. 골문을 비켜났다.

운동장을 누비는 친구들이 마치 산수유나무 같다. 노랗게 꽃 피던 시절을 함께 보낸 후 다른 곳에 뿌리내렸지만 산수유 열매 맺는 걸 잊지 않았다. 가만히 들여다보면 붉은 열매가 되지 못한 채 까맣게 타들어 간 깜부기처럼 이 세상에 없는 애들도 있다. 제때 찾아와 왕성하게 심장이 뛰었더라면 좋았을 텐데 숨소리 한번 내지 못할 만큼 내 몸이 거부했었나 보다. 잘못 찾아왔다고 밀어냈다.

아랫배를 붙들고 운동장 한쪽으로 걸어 나오며 산수유나무를 올려다봤다. 나무들이 나를 보고 있는 듯했다. 다닥다닥 맺힌 산수유꽃에 숨이 막힌다. 오래된 몸의 반응이 새콤하게 올라온다. 산수유 껍질과 씨를 이빨로 일일이 깠었다. 졸린 눈 부비며 공부하기보다는 남의 집 산수유 열매에 매달려 푼돈을 벌었다. 그때 맛본 산수유 열매가 폐경을 앞둔 나이에도 임신이 가능함을 보여준 것처럼 다가왔다.

수육과 구례 오이를 곁들여 먹는데 군수가 방문해 악수를 청한다. 오래된 어린이들이 운동장을 누비며 들썩이는 게 그럴듯한 풍경처럼 보였을 것이다. 지방 선거를 앞두고 군청에서도 뭔 일인가 싶었을 게다. 애써 담배 연기를 피해 다녔고 술도 받아만 놨다. 심장 뛰지 않는 아이를 품고 죽은 줄 알았던 모성애가 고개를 든다. 미안한 마음에 오감각을 최대한 이끌어낸다. 아직도 죽지 않은 마흔 일곱 개의 색깔이 묻어난다.

 일주일 뒤 계류유산을 했다. 만삭의 몸을 이끌고 올라갔던 그 자리에 다시 누웠다. 울지 말라며 다독이던 간호사의 손길에 내어 맡기며 마취됐다. 붉게 익어 보지도 못하고 흐르는 생명과 함께 30년 전후를 넘나든다.

산수유

 볼거리가 많아서 봄이라 불렀나 보다. 해마다 봄기운이 구례 산수유마을로부터 시작돼 노랗게 번진다. 산수유꽃은 피고 지면서 열매로 맺힌다. 빨갛게 잘 익은 산수유를 깨물면 달콤할 듯하나 시큼 새콤하다. 관상용으로만 바라볼 수 없는 이야기들이 열매 속 씨처럼 빠져나온다.

 익지 않은 열매들의 떫은맛처럼 설익은 유년의 기억들이 달콤하지 않다. 빨아도 지워지지 않는 감물 같은 이야기들이 산수유나무에서 피어난다. 돌담이 집을 둘러싸고 그 돌담을 에워싸며 풍경 만들기 했던 감나무와 산수유나무다. 아끼던 새 옷에도 감물이 들어 야단맞았지만 아랑곳하지 않았다.

에워싼 돌담을 넘고 둘러싸인 나무들 너머로 넘어가고 싶었다. 힘들었던 기억 속에서 힘을 주는 추억이 함께 발견돼 기억의 언저리로 찾아가곤 한다. 기억의 범주 안에서 보석을 찾듯 추억이 반짝인다. 지나기 전엔 돌덩이지만 지나고 나면 금덩이라고 추억을 노래한 시인도 만난다.

떫은 감은 도랑물에 넣어두면 하룻밤 사이에 맛이 우러났다. 나뭇가지에 다닥다닥 열린 산수유 열매는 하나하나 따기 힘들어서 훑다시피 한다. 열매의 탱탱한 기를 햇볕이 가져가도록 내어 말리는 단계를 거친다. 쪼글쪼글한 열매 씨에 붉은 기운이 묻어나오지 않는지 살핀 후 일일이 이빨로 깨물어서 씨를 빼냈다. 씨는 씨대로 모아서 버리고 껍질은 잘 말려서 내다 팔았다.

앞니로 산수유 까면서 이갈이를 했고 여자아이들은 하나둘 첫 생리를 시작했다. 산수유마을에서 산수유를 이로

까보지 않고 늙어간 사람이 어디 있을까. 이가 없으면 잇몸이 아닌 손톱으로 대신했다. 새콤한 맛에 적응하다가 길들여지는 나날처럼 보인다. 이가 닳아서 시고 일부러 기른 손톱도 손톱 밑이 갈라져 통증이 와도 예사롭게 보아 넘긴다.

산수유나무가 많은 집이 부자였다. 안마당뿐만 아니라 공터에 멍석을 깔고 온갖 열매를 내어 널어도 누군가 훔쳐 가는 이 없다. 암탉이 두엄을 헤집듯 산수유나무 밑을 나무막대기로 뒤집으며 이삭줍기했다. 높은 곳에 남겨진 열매를 따기 위해 나무를 타거나 나뭇가지를 휘어지도록 잡아당기며 기를 썼다. 산수유나무는 감나무처럼 쉽게 부러지지 않고 잘 꺾이지도 않는다. 회초리로 손바닥이나 종아리를 맞을 때마다 착착 휘감겼다.

교복 입은 우리들처럼 엄마들도 몸뻬라 불리는 펑퍼짐하고 알록달록한 바지를 입었다. 엄마들의 일복이기도 하고 잠옷이기도 했다. 때가 타면 또 다른 몸뻬로 갈아입고 빨래터에 쭈그리고 앉아 빨았다. 학교 다녀오면 엄마는 없고 몸뻬가 빨랫줄 집게에 물려 있다.

 몸뻬 주머니에서 돈이 나오지 않으면 아침부터 돈을 빌려야 했다. 미리 말하지 않고 학교 가기 전에 말한다고 한소리 들어도 고쳐지지 않았다. 괜스레 미안해서 미리 말하지 못했다. 너무 미안하면 미안하다는 말도 나오지 않는다는데 딱 맞는 표현이다.

 그 시절 그 흔한 산수유나무 한 그루 없는 가난한 사람들이 산수유나무에 묶이지 않고 떠났다. 당산나무를 빙빙 돌며 놀던 아이들은 고등학생이 되면 고등학교가 있는 도시로 나갔다. 옆집 언니는 학교가 아닌 공장으로 떠났고 그렇게 나도 떠났다. 어쩌면 고등학생이 되기 전부터 막연하게 그곳을 떠나고 싶었는지도 모른다. 잠재된 욕망과 욕구들이 스몰스몰 아지랑이처럼 피어올랐다. 배고프고 허기진 돌담을 넘고 겹겹인 산들을 넘어가다 보면 뭔가 다른 세상이 있겠지 싶었다.

 고향을 지키는 사람들은 계속 산수유나무를 심었다. 산수유꽃에서 가을날 맺힐 붉은 열매마저 본다. 꽃이 풍성

한 걸 보니 올가을 열매도 많겠다. 봄이면 노랗게 피어나 사람들을 부르고 가을이면 나무에서 붉게 물들다가 또 한 번 내어 말리느라 땅 위에서도 장관을 이룬다.

봄이 오면 구례 산수유축제가 열린다. 그곳 사람들은 거기에 심겨진 산수유나무처럼 사람들을 맞이한다. 인파에 묻혔어도 엄마가 잘 보이고 세파에 흔들릴 때마다 더 잘 보인다. 산수유나무라고 명찰을 찬 산수유도 이따금씩 낯선 곳에서 만난다. 다른 나무들처럼 껍질이 매끈하지 않고 거칠다. 지난가을, 엄마가 산수유나무 몇 그루를 베어냈다. 몸뻬가 아닌 청바지를 입고 가는 뒤태가 조금은 낯설다.

감

 지리산에서 올라온 대봉을 신문 위에 꺼내놓았다. 대봉의 붉은 기운을 한 입 깨물지 않아도 이미 입안 가득 떫은맛이다. 감은 나무에서도 익어가지만 따서 익혀먹는 맛이다. 단감은 땡땡한 맛이고 대봉은 홍시가 돼야 한다. 단감나무에서 열매가 툭 떨어지도록 내버려두지 않고 열매를 솎아 먹기도 한다. 커가고 익어가는 걸 지켜보면 누가 가르쳐주지 않아도 저절로 습득되는 게 있다. 사람의 손을 벗어난 벌레들이 집을 짓기도 하니 공생의 범위도 넓어진다. 애플 로고인 사과처럼 한 입 깨물면서 단감에 이빨 자국을 남기고 싶다. 통째로 크게 한 입 깨물자 어릴 적 욕망이 고개를 든다.

깊은 산속의 나무들은 제 가지를 스스로 내려놓으며 큰다고 들었다. 시간이 흐르면 떫은 감나무에도 단감이 열릴 것이라는 상상을 했다. 감나무에 사과가 열리길 바라는 게 아니고 같은 감나무니까 단감이 좀 열려주면 안 되냐며 툴툴거렸다. 감나무를 툭툭 차다 보면 가지가 쉽게 부러지기도 한다. 나이를 먹을 만큼 먹어도 단 맛이 안 나는 사람이 떫냐고 시비걸기 전에 뒤돌아서는 법을 알았다.

택배 박스 안에 깃든 감들을 마저 꺼내 줄을 세웠다. 야생의 불빛이 감돈다. 기차와 버스를 타고 올라와 이쪽저쪽 줄을 서며 나이 먹은 사람들의 주먹만 하다. 추워서 빨갛게 변한 주먹도 있고 까치밥처럼 매달려 있다가 누군가 쪼아대서 피 흘리는 주먹도 있다. 주먹을 불끈 쥐며 내 주먹을 믿으라고 소리치지만 단단한 그 주먹도 세파에 맥없이 풀리고 만다.

빨랫줄에 묶인 감나무 한 그루가 장독대 옆에 우두커니 서 있다. 가을이면 고추 전구 같은 불빛으로 물들인 채 누군가를 기다린다. 장독대와 감나무가 어우러지듯 시골 엄마와 마당도 어울린다. 감나무 그늘 아래 장독대에선 된장과 간장 맛이 익어간다. 맷방석에 내놓은 곡식들을 뒤집어 가면서 햇볕에 내다 말릴 게 많았다. 마당 한쪽 빨랫줄엔 빨래만 내걸리는 게 아니었다. 야채들을 널어 말렸고 새떼들이 그 줄을 타고 놀다 갔다. 잠자리가 한참을 앉아 있어 엄지와 검지로 날개를 잡으려 하면 감질나게 날아갔다.

불탄 자국이 선명한 집 기둥과 감나무에 빨랫줄을 연결시켰다. 중간지점에서 무게중심을 잡아줘야 했다. 대나무 윗부분을 갈라 빨랫줄을 끼워 받쳤는데 이따금씩 물먹은 빨래 무게에 강직한 대나무가 중심을 잃었다. 다시 헹굼질을 해야 하는데 헹구는 일이 내다 빨기보다 귀찮고 힘들었다. 빨랫줄엔 빨래집게가 빛바랜 색깔을 지닌 채 고추잠자리처럼 날아가지도 못하고 매달렸다. 헹궈낸 옷을 떨어뜨리지 않으려고 안간힘을 준다. 뙤약볕에 내걸렸던 빨래와 한겨울 추위에 얼어붙었던 빨래가 다르듯 그때마다 느낌은 다르게 걸려든다. 지나고 나면 변해 있는 게 느낌이다.

자기만의 감을 상실하지 않으려 스스로 감나무가 된다. 허공에 내걸린 느낌들은 또 다른 마당을 그리워한다. 마당 안에 감나무를 심고 빨래를 널어 말리고 싶다. 허물처럼 벗어놓은 기억들마저 내다 말릴 순 없을까 고심하는 사이 가지 부러지는 소리가 들리는 듯하다.

감나무가 가로수인 도시에 입성하니 서정적인 느낌이 감돈다. 손만 내밀면 닿을 것 같은 붉은 욕망들에 불이 켜진다. 오늘도 감을 따서 내다 팔아야 한다. 떨어진 감보다는 따 먹는 감 맛을 알기에 나뭇가지에서 꺾어진 흔적을 찾는다. 일부러 감잎을 매달고 있는 감을 전시용으로 쓰기도 한다.

가장 못생기고 맛없는 감을 감나무에 남겨둘 만도 한데 그렇게 하지 않았다. 종자 씨가 될 만한 것들을 일부러 그곳에 매달리도록 했다. 까치밥이라 불리며 콕콕 쪼아 먹힐 감을 스스로 떨어뜨리는 역할을 감나무가 알아서 한다. 우두커니 서 있는 그 존재감 앞에 깃들인 그림자가 생각보다 깊고도 넓다. 사람만 제 그림자를 이끌고 다니는 게 아니다.

장날 좌판엔 그들만의 물건이야기가 오간다. 느낌을 사고파는 사람들 가운데 엄마가 쪼그려 앉아 웃고 있다. 웃는 인상이 좋다고 냉큼 감을 낚아채가는 이도 있단다. 툭툭 털고 일어나 혼자 하던 염색도 모처럼 미용실에 들러 맡긴다.

이따금씩 엄마가 택배를 보낸다. 감만 따서 보내는 게 아니다. 먹는 감과 느끼는 감이 동시에 올라온다. 옛 지붕 위로 감 떨어지는 소리도 어렴풋이 들리는 듯하다. 주소지 있는 물건과 다르게 어쩌면 스무 살의 나도 지리산 택배 물건처럼 올라왔다. 막연했어도 나만의 계획이 있었다는 걸 뒤늦게 알아간다.

지리산 통학버스

 일흔한 살의 엄마가 취직했다. 이번에는 학교 통학버스 보조원이다. 유치원생 안전벨트를 매주고 이 동네 저 동네 다닌다. 에어컨 켜놓고 기다리는 이십 대 기사에게 유치원생처럼 인사하고 버스에 오른다.

 첫 출근을 앞두고 간밤 뒤척였단다. 그 옛날 안내양이 생각나 '오라이' 연습도 하면서 단꿈에 젖어 들었다. 열일곱 살에 시집와서 해보고 싶은 것 못해보고 엄마가 돼버렸으니 억울한 생각도 든다. 내가 엄마 발목이라도 잡은 것처럼 미안하기도 하다.

어쩌다 신세타령은 들어봤지만 나이타령은 하지 않았다. 일만 하다가 죽는다고 불평하기보다는 이 나이에도 뭔가를 할 수 있다는 게 얼마나 감사한 일이냐며 웃는다. 논밭일 하면서 노동의 가치를 알았고 생계와 생활을 위한 일이 다르게 체득됐다.

엄마에게도 꿈이 있고 진짜 해보고 싶었던 일이 있었는데 그동안 무심했다. 지리산을 떠나 제자리 찾고 제 살기 바빴다. 지리산이 거기 있었던 것처럼 엄마도 그렇게 다가왔다. 엄마는 늘 그래도 되는 줄 알았다.

요즘 사랑에 빠진 것 같은 엄마 목소리가 낯설면서도 새롭다. 생기 넘치는 봄 산을 닮았다. 엄마는 늘 그러면 안 되는 존재였다. 누군가 하는 일에 대해 부러워하다가 그 자리에 들어갔다. 이번엔 또 다른 누군가가 엄마를 부러워한다. 어떻게 해서 그 자리에 들어가게 됐냐고 묻는 사람들이 가는 곳마다 있다. 남들이 부러워하는 일과 내가 좋아하는 일의 차이를 되묻도록 만든다.

하루종일 매여 있지 않아서 좋다. 엄마의 말이기도 하

고 내 말이기도 하다. 지리산 개울가 집이 어쩌면 엄마의 말뚝 아니었을까. 때론 고삐 풀려도 훌쩍 떠나지 못한 채 풀려 있는 엄마의 보따리다. 여든한 살의 아버지와 놀지 않고 스물다섯 총각과 하루 두 번씩 꼬박꼬박 바람 쐬기 바쁘다. 이제는 당신보다 열아홉 살 어린 내가 엄마처럼 거꾸로 잔소리한다. 엄마에게도 가끔은 엄마가 필요할 테니까.

 언제나 엄마 생각을 좇을 뿐 따라갈 수가 없다. 항상 저만큼 앞서가는 엄마 발자국을 들여다보며 쪼그린 채 앉았다. 엄마 립스틱을 몰래 바르고 헐렁한 신발 신어봤던 어린 나로 가끔 돌아간다. 엄마 흉내만 내 볼 뿐 엄마처럼 살지 못한다.

 젊은 사람도 하기 힘들다는 취직을 했으니 새 옷 한 벌 사 입으라고 돈을 내려보냈다. 엄마 취향에 맞는 가방도 사 보낸다. 가방 많다고 사지 말라던 엄마가 보라색을 좋아하는 줄 몰랐다. 몇 년씩 같은 가방 들고 다닌다는 것도 뒤늦게 알았다.

애들이 엄마를 할머니라 하지 않고 선생님이라 부른다. 선생님이란 말도 들어보고 이전과는 다른 세상에 사는 것처럼 좋아 보인다. 전율이 일어난다. 선생님이란 말이 교사 직업이 아니어도 보통명사처럼 통용되는 세상이지만 뭔가 다른 느낌이다. 보라색 옷처럼 선생님이란 호칭이 엄마를 보란 듯이 휘감는다. 생각보다 잘 어울리고 주변 환경과도 어우러진다.

등하교 안전지도를 하다 보면 변수와 돌발상황이란 것도 이따금씩 일어난다. 집까지 찾아가 늦잠 자는 아이를 안아서 차에 태우기도 한다. 그나마 초등학생들은 낫다. 통학버스 안에 자기 자리가 있고 알아서 하는 맛이 있다. 앉던 자리에 앉다 보면 익숙해져서 자기 자리처럼 편안하다.

자기가 앉았던 자리에 다른 누군가 앉으면 본능적으로 싫다. 익숙한 걸 좋아하고 낯선 풍경에 두려움을 느끼면서 사람은 성장한다. 경험이 풍부하다고 안심하기 힘들고 모든 확률과 통계로부터 자유롭지 못하다.

나 또한 엄마라는 안전벨트를 매고 오늘도 출퇴근한다. 엄마의 기도로 이 정도 살고 있구나 고백한다. 산등성이 너머 더디고 느리게 흐르던 그 길을 통학버스가 달린다.

지리산에서 나고 자라 스스로 나무가 되고 작은 산이 된다. 논밭에서 부르면 언제든 뛰어간다. 농부의 발걸음 소리를 듣고 자라는 게 어디 곡식뿐일까. 생산적인 선순환이 일어난다.

통학버스 안에서도 밭곡식처럼 새싹이 자란다. 콩씨네 집안 아이들은 온실 속에서 콩나물이 되기도 하고 광야로 내보내 콩나무가 되기도 한다. 정채봉 동화작가가 어디선가 말해주는 듯하다. 신기한 통학버스가 따로 없다.

월급을 주려는지 이름을 쓰라는데 한꺼번에 쓰느라 힘이 들었나 보다. 이름 석 자 모두 쓰지 말고 성씨 하나만 쓰면 안 되겠냐고 말했단다. 태어나 이름을 제일 많이 쓴 날로 기억하고 기념하는 일흔 너머의 일상이다.

아름다운 그늘

　사람도 나무처럼 그늘을 만든다. 생명을 살리는 그늘이다. 햇빛과 바람에 고스란히 노출된 채 나무는 푸르다. 사람도 글을 쓰고 읽을 때 나무처럼 보인다. 혼자 광합성 작용을 하듯 글을 읽고 쓴다.

　유월의 더위가 만만찮다. 학교도서관을 빠져나온 사서들이 삼삼오오 무리 짓는다. 치마에 굽 있는 샌들을 신고 나온 이십 대와 우산을 양산처럼 받쳐 든 오십 대의 외출이 다르지 않다. 전철과 버스로 환승하며 구리 아치울을 향한다. 못 가본 길이 아름답다고 알려준 분을 좇아간다.

약속 시간인 오후 다섯 시 무렵의 풍경은 어떨까. 여느 문학관이나 생가를 찾아가는 것과 뭔가 다르다. 노란 집에 초록 잔디가 깔린 인기척 있는 집으로 들어간다. 소설 제목이어도 좋을 그녀의 집이다. 허구인 작품들이 자전적으로 읽히며 몰입하도록 만드는 이유들이 있다.

어떤 삶을 살았느냐에 관심이 모아진다. 여권이 있어도 가지 못하는 곳이 있는데 그의 고향과 가장 많이 닮은 곳이 구리 아치울이라니 나도 모르게 주변을 살핀다. 농사를 짓듯이 글도 짓는 것일까. 논두렁에 구멍을 내고 콩 세 알 심는 이유가 있단다. 한 알은 땅속 생명을 위함이요, 또 한 알은 하늘을 나는 새에게 주기 위함이고 나머지 한 알이 심은 자의 몫이다. 내 몫인 그 한 알마저도 거두어서는 나눈다. 콩 한 쪽이라도 나눠 먹는 인심이 세상을 따뜻하게 한다.

구멍 난 사람의 상처에 이야기 콩을 심으면 어떨까. 어린 딸들의 상처에 이야기를 만병통치약처럼 들이댔다니 그답다. 상처를 소독할 때 부글부글 거품 나는 건 병균이

입에 거품을 물고 항복하는 거라니 그럴듯하다.

"그 많던 싱아는" 전쟁 중에도 흰 꽃을 피우고 새콤달콤한 맛을 냈을 것이다. 전쟁 중이라고 웃을 일이 없었던 게 아니다. 그 꽃이 유월부터 피기 시작한다는 것과 그의 이야기를 통해 전쟁 분위기를 실감한다. 상처의 끄트머리에서 꽃을 피운다니 피운다는 그 말속에 피가 흥건히 고여 있을 것만 같다. 꽃들이 저마다 흔들리며 피어나듯 글의 꽃도 그렇게 맺힌다.

마흔에 소설가로 등단해 활자와 더불어 살다 활자로 남았다. 생가에서 따님이 우리를 맞이한다. 그가 잠시 외출한 사이 집에 놀러 간 듯하다. 익숙한 인기척이 느껴진다. 책 표지에서 그가 활짝 웃고 있다.

『기나긴 하루』라는 마지막 소설집처럼 인생 자체가 어쩌면 기나긴 하루다. 따님은 계절 따라 침대 위 이불을 바꿀 뿐 어머니 쓰시던 그대로 두고 작품을 다시 읽는다고 했다. 남겨진 작품들 챙기며 어머니의 딸로 살기 바쁘다. 식구들 밥 챙겨 먹이고 글 밥 지어 나누는 일상이 따뜻하다. 식탁은 저렇게 생겼고 글을 쓰던 곳은 또 저렇게 생겼구나. 유리관에 있는 유품을 보는 것과 다른 생생함이다. 거실 탁자에서 얼음 넣은 차를 마시며 이야기는 계속 이어진다. 밥을 퍼서 나누는 목사나 글을 퍼서 나누는 작가나 나누는 삶이 하나로 아름답다. 삶을 나누는 게 그늘을 넓히는 것이로구나.

사춘기 아이들과 더불어 도서관에서 꿈을 꾼다. 학교에서 제일 큰 방이고 책을 매개로 이야기는 계속된다. 책과 더불어 아이들 성장이 보인다. 생가 방문은 선순환을 낳았다. 문학기행이 책 속 여행으로 이어졌고 그의 글을 찾아 읽도록 만든다. 글을 읽으면서 쓰도록 만든다. 그가 준 선물이다. 마른 침을 삼키며 그 어머니의 그 딸은 세 번씩이나 존경을 읊조렸었다. 어머니로서 존경하고 작가로 존경하며 스승으로서도 존경한다니 무더위마저 꼬리를 내린다.

그늘이 넓은 분과 함께 동시대를 살았다. 큰 나무 그늘은 뭔가 다르고 다를 것이며 달라야만 한다. 사랑과 그리움이라는 그늘이 사람을 넓고 깊어지게 한다. 어쩌면 사람들은 서로의 그늘이 될 때 행복을 느끼는 존재일지도 모른다.

그는 떠났지만 그늘이 오롯하게 남았다. 떠난 이에 대한 이야길 지금부터 해보면 어떨까. 평소 누군가의 이야기를 끝까지 들어주고 쉽게 평가하지 않았다는 그의 이야기부터 시작하고 싶다. 수줍은 듯 간지럼을 타는 것 같은 영정사진이 해맑다. 모든 것에는 따뜻함이 숨어 있다고 삼킨 죽음마저 토하며 자유로워진 그의 말이 들린다.

항문이 가렵다

건강에 대한 욕망은 지극히 자연스럽다. 건강하게 살다 죽을 일이다. 몸만 건강한 것도 못할 짓이고 어떻게 살고 죽을지에 대한 자가진단과 처방이 매일 발급돼야 한다. 항문소양증을 자가진단 항목에 넣는다. 내 몸은 내가 잘 안다고 병원 가기 주저하다 낭패를 볼 수도 있다. 건강을 비롯한 모든 관심사는 관리로 이어진다.

호기심 손이 내 몸을 어루만지며 진단한다. 내 몸이라도 손이 닿지 않은 곳엔 손 쓸 수 없지만 어느 정도 해소가 된다. 며칠 전부터 애매한 곳이 가렵다. 구충제를 먹거나 씻어도 해결되지 않는다면 상황은 다르게 해석된다.

갈증을 동반한 가려운 순간들과 마주한다. 욕구와 욕망을 제대로 읽어내기 힘들고 헷갈릴 때마다 가려움증이 동반됐다. 꿈꾸기 좋은 나이엔 날고 싶어서 날개 숨은 곳이 가렵고 세상 돌아가는 게 어느 정도 보일 때는 오늘처럼 항문이 가렵다. 냄새나고 그늘진 곳에 대한 연민과 애착이 하나로 뒤엉킨다.

겨드랑 밑이 가렵다던 어느 시인은 일찍 세상을 떴다. 늙는 게 아픈 거냐는 손자 말에 허허롭게 웃어넘기는 할아버지 눈빛이 빛난다. 가렵고 아픈 몸의 신호에 다양한 반응이 일어나는 일상이다. 유통기한이 정해져 있기에 내 몸 사용설명서를 들여다본다.

조만간 건강검진 결과도 날아들 것이다. 온몸을 스캔하듯 건강검진을 받고 결과를 기다린다. 자가진단과 일치할까 봐 긴장감 지수가 혈압과 비례해 올라간다. 빼도 박도 못하게 긴장시킨 검사가 일반 위내시경이었다. 위와 대장 내시경을 동시에 할 때는 수면으로 하더라도 밀고 들어올 때의 이물감에 몸의 저항이 일어난다. 불편한 곳을 말하기 전엔 의료진도 눈치 못 채는 분위기다. 검진 결과를 보고 말할 수밖에 없을 테니 그저 검진하기 바쁘다. 네 발로 기어 다니고 두 발로 걷다가 세 발로는 걷지 않으려고 사람들은 그렇게 안간힘을 쓴다.

네이버지식인 검색창과 사색의 창을 열어둔 채 심호흡한다. 가려운 현실이 우는 애 칭얼거림처럼 귀찮을 때도 있지만 이 또한 지나갈 것이다. 몸이 아파도 마음이 건강한 사람은 뭔가 달라 보였다. 당신 죽음을 예측하여 간병하느라 날밤 새는 아들을 재울 줄 안다. 그 밤에 유명을 달리했을 때 밤샘한 아들이 장례식 치르느라 고생할 거라며 죽음의 문턱에서도 배려한다.

배려 없이 몸만 건강한 당신도 있다. 평생을 그렇게 살아보지 않았다며 일관성 있게 나간다. 자식이 대신 아파주지도 않으면서 안부만 묻는다고 역정을 내는 경우도 있다. 아직 선택의 여지는 있다. 죽음에 대한 면역력을 키울 기회로 작용한다.

학문과 항문은 소리가 같고 둘 다 닦는다는 데 의미가 있다. 괄약근을 조이면서 항문기 너머로 넘어왔다. 엉덩이가 근질근질한 순간들을 잘 견디기만 하면 뭐가 되고도 남을 거라는 말이 따라붙는다. 제왕절개한 자리도 덩달아 가렵다. 또다시 임신과 출산을 경험해보고 싶다는 자궁의 말에 웃는다.

사람마다 남모르게 가려운 곳이 있고 어딘가 가려우면 민감해진다. 인간관계가 가려울 때는 비슷한 이미지를 가진 사람만 봐도 가슴을 쓸어내린다. 지난 연말엔 2년 묵은 관계의 매듭을 풀고 해를 넘겼다. 삼켜지지 않는 감정들과 동행하며 살아 있음을 확인한다. 몸의 수위를 감당하기 어려울 때도 있다. 몸 안팎의 검진과 검사가 반복된다.

단지 항문이 가려웠을 뿐인데 온몸의 건강검진이 두렵다. 육안은 점점 어두워지고 심안이 열린다. 심안과 영안에 육안이 비교된다. 고장 신호가 하나둘 수치로 드러난다. 몸속 장기들의 화해마저 필요하다. 내 몸속 기생하는 생명체들과도 공생하며 살기 바쁘다.

온몸을 의료기기들이 들쑤시고 노출시킨다. 민낯으로 대낮부터 알몸을 요구하며 굶기더니 이래라저래라 명령까지 한다. 몸속을 들락거리는 수작이 그럴듯하면서도 냉정하다. 의료인과 의료기에 따듯한 인간미를 기대했었나 보다. 내 몸 상태를 수치로 계산해 통보하면서 소크라테스처럼 너 자신을 알라고 경고한다.

아무도 내 나이가 어떠냐고 외치지 않는다. 나이는 숫자에 불과하다는 말도 없다. 그 안에선 미인계와 애교가 필요 없다. 언변과 학식마저 수그러들고 오직 건강만이 최고다. 세금이나 연체이자처럼 몸집 사용료를 물 때도 있다. 그냥저냥 살다가 분양받은 천국아파트로 이사 갈 것이라고 하면 상황이 종료될까. 피할 수 없으면 직면하면서 즐길 수밖에 없다. 플라세보 효과라도 기대하면서 가려움증을 호소한다.

제2부

빨강

열정의 순간

검은 오월

 푸른 오월 담쟁이넝쿨에 바람이 일렁이고 붉은 덩굴장미가 담장을 물들인다. 생기가 차고 흐른다. 담장이 있어 가능한 풍경들이다. 담장을 타고 오르는 손에 피멍이 들어도 버티고 핏줄이 터져도 안간힘을 쓴다. 거센 바람에도 벽과 한 몸인 양 견딘다.

 바라만 봐도 시원하고 살랑거리는 잎사귀가 좋아 보인다. 잎사귀를 깻잎처럼 뜯어다 쌈이라도 싸서 크게 한입 먹으면 어떨까 싶다. 잎사귀에 꿀을 발라 글씨를 써넣고 애벌레들이 갉아 먹도록 했다는 역사의 한 장면이 새삼스레 떠오른다.

계절이 바뀌면 담쟁이 잎도 시들겠지. 그것이 자연의 섭리라고 받아들이며 시든 잎사귀를 떨쳐내려 한다. 뿌리의 깊이를 이파리들은 알 것이다. 뿌리가 뽑혀서 죽었으나 때로는 죽지 않고 가슴속으로 타오른다는 것을 말이다. 죽은 나무를 타고 오르는 담쟁이도 있고 푸르른 상록수를 타고 하나 되어 타오르는 담쟁이도 있다. 담을 넘어가는 담쟁이도 있지만 하나같이 하늘을 향해 타오른다.

한동안 푸른 오월이 검게 물들었다. 붉게 타오르는 덩굴장미에 찔려 가슴이 먹먹하다. 노란 풍선과 모자가 광장에 출렁이고 오직 한 사람을 위한 종이비행기가 새처럼 날아간다. 노란 풍선은 바람결에 떠오르고 어떤 풍선은 날지도 못한 채 허망하게 뻥 터진다.

국민장으로 치러진 전직 대통령의 분향소에 다녀왔다. 아들의 손을 이끌고 온 것은 우리 부부만이 아니었다. 아들은 가르쳐주지 않아도 방명록에 이름과 함께 '사랑해요'를 써놓는다. 남편은 앞줄 사람들이 두 번 절하는 것을

무시하고 네 번 절한다. 이전까지만 해도 기도하며 조문하던 그답지 않다. 돌아가신 분의 종교를 배려하고 싶단다. 오늘만큼은 내 색깔을 드러내고 싶지 않았다. 모든 색이 섞여져서 검은색을 만들었다.

영결식은 광화문광장에서 진행되었다. 남편은 오전 휴가를 냈다. 태극기를 내걸고 검은 넥타이를 매고 나선다. 그동안 태극기를 내거는 일에 게을렀고 무관심했다. 태극기 물결에 애틋한 소통이 흐른다. 물 한 병 챙겨 집을 나섰다. 뙤약볕에서 그늘을 찾아다닌다. 무표정한 사람들의 모습에서는 슬픔이 묻어난다. 무관심했던 낯선 얼굴들이 왠지 측은하다. 반팔 입은 팔목에 누군가의 살이 따스하게 스친다. 검은 넥타이를 하고 근조 리본을 달고 앉아 있는 사람들 앞에 푸릇한 젊음들이 노란 손수건을 두르고 서 있다.

시청 앞 광장에서 인파에 휩쓸려 내 의지와는 상관없이 흘러간다. 애도의 물결이다. 출구를 찾기 힘들다. 지하철에서 환승하듯 갈아타는 것이 인간의 삶이고 죽음일지 모른다. 어쩌면 생사의 출입구는 하나로 맞물려 있을 것이다.

아들 손을 놓지 않으려고 애써가면서 검은 물결에 휩쓸렸다. 이따금씩 슬픈 표정의 사람들은 성이 났다. 성난 소리와는 다르게 소리 없는 울음소리가 가까이 들린다. 일곱 살배기 아들의 등딱지에는 붉은색 어린이집 가방이 붙어 있다. 검은색과 흰색 그리고 노랑색이 출렁이는 곳에서 빨간 가방이 눈에 띄어주기를 바라는 엄마 마음이 담겼다. 혹여 아들과의 끈을 놓는 일이 발생하면 안 된다. 보이지 않는 탯줄로 얽힌 인연들이다. 아들은 어른들의 배꼽 사이에서 올려다보며 "왜 울어" 자꾸만 묻는다. 모르는 것이 있으면 누구에게나 물으라고 가르쳤는데 대답하기 힘들다. 물어보는 것은 창피한 일이 아니라 용감한 것이라고 일러도 줬는데 가슴이 먼저 들썩거려 말을 삼킨다.

내 어릴 적에도 대통령이 돌아가셨다. 총에 맞아 돌아가셨다고 사람들이 슬퍼했던 밑그림이 있다. 아들은 이다음에 바보 대통령을 어떻게 떠올릴지 궁금하다. 바보 대통령이라고 누가 이름 붙였을까. 책을 읽고 쓰는 일을 즐거워했던 소탈한 분의 작은 행복마저 지켜주지 못해서 안타깝다. 그의 분향소에는 흰 국화송이와 담배가 쌓였다. 마지막 담배 한 개비 태우지 못하고 떠난 아쉬움을 달래주기 위해서인가. 깊은숨을 몰아쉰다. 내 슬픔과 그의 슬픔이 맞닿았다. 그를 위로하는 일이 나를 위로하는 일이었다.

  대통령 할아버지가 자전거를 타고 시골 논둑길을 달리는 모습이 따스해 보여서 행복했는데 이제는 마냥 걸린다. 내 행복과 그의 행복이 따로 놀지 않았다. 그는 오래된 생각이라고 나를 위로하고 설득하지만 그렇게 쉽게 줄을 툭 놓을 줄 차마 몰랐다.

가방

 비둘기낭 캠핑장에 텐트를 쳤다. 하룻밤 자려고 벌려놓은 물건들이 많다. 가방에서 나와 가방으로 들어가고 집에서 나와 다시 집으로 돌아간다. 가방이란 글자를 열면 가(家)와 방이 보이는데 그럴듯한 결합처럼 보인다. "아버지 가방에 들어가신다"는 말처럼 갖다 붙이고 말하기 나름이다. 언어유희에서 철학적 사유와 재미를 발견할 때 삶의 윤활유로 터진다. 제 몸에 집을 지니고 다니는 동물들처럼 하룻밤 묵어갈 방 만들기 바쁘다.
 몸속 설계도에서 낭이라는 이름을 가진 장기들을 찾아

본다. 담낭의 낭이 그렇고 자궁의 궁, 씨망태의 망태가 서로 의미망을 형성한다. 쇠꼴을 베러 망태를 메고 다녔던 할매는 동생들의 거시기를 씨망태라 불렀다. 씨를 담은 망태라니 그냥 내뱉은 말이 아니다. 엄마를 묶어두려는 듯 지집년이라 불러댔다. 누군가의 집이 된 엄마의 가출을 막으려고 주문이라도 걸어둔 듯 한눈팔지 않고 살았다. 그 흔한 가방마저 없어서 볼품없는 보따리에 매달려 바동거렸다. 어린 마음에도 보따리를 뺏으면 엄마도 어쩔 수 없을 거라고 믿었다. 오랫동안 묶이고 감쌌던 이야기들이 어느 순간 헐겁게 풀려나온다.

 몸도 하나의 집처럼 지어졌다. 몸집 좋다는 말을 들으면서도 제 몸 건사하기 바쁘다. 생애 주기에 맞춰 건강검진 받으며 병원 드나드는 일상이다. 오래된 흉터에서 이야기가 흘러나오기도 한다. 흉터와 상처 없는 사람이 어디 있을까. 겉으로 드러나지 않던 속사정이 한꺼번에 터져 나와 정신 못 차리는 이들도 있다. 지워도 지워지지 않는 것을 부여안고 발목 잡힌 인생도 있다. 발달된 시술과 수술로도 지울 수 없고 델리트 키를 눌러도 사라지지 않는 이야기 가방을 지녔다. 오늘도 나만의 주머니를 차고 다니면서 뭔가 그럴듯하게 순환되고 완성되길 꿈꾼다.

 가방에 뭐가 들었냐고 캐물으며 관계의 거리를 좁히려는 이들도 있다. 명품 가방을 선물하며 유혹하려는 수작도 보인다. 은밀한 곳에서 주고받는 가방에선 뭔가 냄새가 나고 가방끈이 길수록 꼬리가 화려하다. 서로에 대한 관심이 눈에 보이는 가방에 있다는 걸 대놓고 말해도 그러려니 통한다. 때론 판도라의 상자처럼 결코 열어서는 안 될 가방도 있는데 간이 배 밖으로 나온 경우도 많다. 간혹 분실된 가방을 미아 찾듯이 찾아 나서는 이도 있고 일부러 버린 가방인 걸 모르고 끝까지 찾아주려는 이도 있다.

 다른 세계를 품었을 듯한 가방을 품으려고 대부분 달려든다. 가방이 나를 품는지 내가 가방을 품는지 헷갈리는 날 비가 내린다. 내 몸이 가방을 젖지 않게 하려고 본능적으로 감싼다. "우리 애기, 비 맞았어요" 코맹맹이 소리로 가방을 닦아주며 안 하던 꼴값도 떤다. 그야말로 가방을 사용하는 건지 키우는 건지 우스꽝스럽다. 주객이 전도돼 가방 주인이 가방에 이끌려 다니는 경우가 비일비재하다. 짝퉁 가방을 들고 다니다 보면 그 인생마저도 짝퉁 인생으로 변한다니 새삼 가방의 힘이 무섭다.

상징적 의미를 담는 물건 중 하나로 어떤 면에서 사람의 장기처럼 보인다. 동반자의 역할도 하고 동행하는 듯한 만족감을 주기도 한다. 공항은 이런저런 가방들로 북적이기 좋은 곳이다. 이별과 만남이 겹치고 날고 싶은 욕망과도 충돌한다. 공항 패션이 가방으로 완성되는 듯하다. 면세점을 돌다 또다시 가방점 앞에서 서성거린다. 어느 계절이나 장소와도 어우러지고 옷이나 상황과도 무난할 것이라고 따라나서려는 가방의 말이 들린다. 명품 가방은 뭔가 다르고 다른 사람들이 먼저 알아봐 줄 것이라며 유혹하는데 약해졌다. 결정적으로 "넌, 그 가방 가질 만한 자격이 충분히 있어"에 넘어갔다.

명품 가방이란 걸 구입한 후 들고 다니는 맛이란 게 있다. 보따리 인생처럼 떠돌다가 잠시 공중부양된 것처럼 들떴다. 명품이라는 격에 어울리도록 볼펜 한 자루 정도만 가볍게 담아야 할 것 같다. 가방 그 자체가 액세서리처럼 들고 다녀야 하는데 가방 주인에 따라 다르게 연출된다. 며칠 못가서 책가방으로 되돌아갔다. 가방 들어주던 누군가가 좋은 가방을 이렇게 막 사용해도 되냐고 물었다. 사람이 명품이면 그 사람이 쓰던 물건들은 상징성을 갖게 돼 명품 이상의 의미로 거듭난다.

명품 가방은 세월의 무게를 피할 수 없지만 명품 가치는 유지된다. 가방끈이 낡아서 에이에스 받으려고 문의했더니 비용이 만만찮다. 가방끈 하나 바꾸는데 드는 비용이 브랜드 없는 새 가방 값이다. 상징적 의미로 모셔두거나 아까워서 버리지 못할 물건이라면 수선해서 쓰는 데까지 써야 한다. 명품 가방 자체를 쫓다 보면 숨이 차오르는데 명품 인생을 좇아가니 평안하다.

북적Book적 도서관

 이게 뭔가 싶어 벽장문을 양쪽으로 밀었더니 엘리베이터가 나온다. 도서관으로 들어오는 출입구가 두 곳이란 얘기인데 한곳 열쇠밖에 없다. 저곳이란 곳은 열쇠 없는 공간으로 내 손을 떠나 있지만 도서관 영역 밖이 아니다.
 정문과 후문이 학교마다 있고 개구멍이라 부르는 비밀스런 통로가 있기 마련인데 저곳에 대한 접근은 낯설다. 가만히 보면 출입문으로 들어왔다가 그 문으로 나가는 사람들이 있고 엘리베이터로 들어와 출입구로 빠져나가기도 한다. 출입문에 잠금장치를 했는데도 엘리베이터 이용

자가 열고 나간 후 잠그지 않아 가끔 당혹스럽다. 추리소설이 따로 없고 판타지 공간으로 설정되니 관심이 고조된다.

처음 뭣 모르고 엘리베이터를 타고 올라왔을 경우 어둠 속 벽장문이 낯설게 보일 것이다. 이게 뭐지 잠깐 허둥거릴 수도 있다. 벽장문 바깥에 있고 도서관 안에 있는 내가 잠그기라도 하면 대략난감할 일이다. 다시 타고 내려가거나 아니면 문을 두드릴 것이다. 이따금씩 그곳에서 무슨 소리가 들리는 것도 같다.

벽장 너머 엘리베이터가 있는 도서관에 대한 느낌이 비슷했다. 신기하고 신비스럽기까지 하다는 반응인데 도서관이 아닌 교무실이었다면 신비감이 떨어졌을지도 모른다. 벽장문을 열고 청소도구와 함께 나온 여사님에게도 물어봤다. 이젠 좀 적응이 된다는 말과 함께 폐소공포증에 가까운 얘길 한다. 아이들에겐 판타지 공간처럼 작용하는데 누군가에겐 공포심을 불러들이는 곳이다.

아무나 엘리베이터를 탈 수 없다. 아프다거나 무거운

물건을 운반해야 할 경우로 이유가 있어야 한다. 행정실에서 승차권을 발급해주듯 전자카드를 받아서 찍어야 작동된다. 5층 건물을 오르락내리락하는 데 재미를 극대화시키는 요소로 도서관 벽장문이 작용한다. 흥부네 박 터지듯이 문구점 총각도 나오고 택배 기사도 나온다. 도서관 형광등 불빛이 어둡다고 시설 주무관에게 말하지 않았는데도 형광등을 들고나왔다. 등장인물들에게 걸었던 주문이 그야말로 주문이 돼 실현된다. 제 할 일만 하고 원래 자리로 돌아가듯 나왔던 곳으로 뿅 사라진다.

이상한 나라의 앨리스가 벽장문을 열고 나올 것만 같다. 앨리스는 생각보다 가까운 곳에 있다. 자기만의 세계가 있는 아이들이 도서관으로 숨어들다 그곳으로 사라진다. 판타지 공간에서 놀기 좋아하는 아이들의 통로가 돼주고 숨바꼭질 놀이에도 적합하다. 어릴 적 뒤란이나 어두운 광속으로 숨어들었던 각인된 순간들이 되살아난다. 온갖 농기구들과 잡동사니 사이에서 들키지 않으려고 태아처럼 웅크렸던 순간이 지나간다. 초음파로 듣는 것처럼 심장 소리가 쿵쾅거렸었는데 이미 사라지고 없는 그곳이다.

한쪽 다리 깁스한 교복 입은 소녀가 아침 조회 종소리와 함께 문을 열고 나온다. 연극이 시작되듯 남자애들이 줄줄이 호위무사처럼 따라 나온다. 조명 받는 것처럼 환한 얼굴이다. 출입문을 빠져나갔던 아이들이 종이 울리자 또다시 들어와 벽장문을 열고 들어가더니 깔끔하게 사라진다. 아무 일도 없었던 것처럼 나무 벽장문이 과묵하게 닫혀 있다. 도서부 아이들이 '관계자 외 출입금지'라고 써 붙였는데 누군가 또 그 옆에 '관계자도 출입금지'라고 붙였다. 나무 벽장문이 엘리베이터를 가려주지 않았더라면 그저 그런 엘리베이터로 남았을 것이다. 이상한 나라의 앨리스를 몰랐더라면 그 감흥은 더 떨어졌을 테다.

출구 없는 현실에서 방향감각을 상실한 채 숨어들 숨구멍 하나 챙기질 못하고 살아가는 사람들이다. 사람살이가 점점 더 고단하다고 말하며 쉴 만한 공간을 찾는다. 학교라고 예외는 아니다. 미세먼지 차단한다고 착용한 마스크가 인공호흡기처럼 보인다. 그나마 도서관에서라도 편해지길 바란다. 도서관·보건실·상담실이 같은 층에 있다. 아픈 아이들을 하루종일 상대하던 보건 선생님도 아프다. 한 학생이 보건 선생님도 아프다고 손 글씨를 써서 붙인다. 순회하던 상담 선생님도 두 학교를 오가느라 지쳤다. 한 학교 아이들만 감당하기도 바쁜데 두 학교를 요일별로 오가니 지칠만하다. 아픈 보건 샘과 지친 상담 샘이 도서관을 찾는다.

이름을 '북적Book적 도서관'이라 지었더니 어딘가로 사라졌던 아이들이 하나둘 출입문으로 들어오고 벽장문 안에서도 나온다. 전교생 오백여 명에 교실 두 칸 도서관이다. 시(詩) 따라 쓰기 노트를 들고 아이들이 계단을 타고 내려간다. 어디 가냐 물으니 "도서관 가요" 말한다. 또 한 무리가 웃음소리와 함께 도서관을 향한다. 자기만의 출입구로 드나들기 좋은 나이다. 열쇠가 필요 없는 또 다른 벽장문이 수시로 열리고 닫히는 순간이다.

꿈꾸는 조랑말

 인디언 이름을 듣는 순간 요즘 말로 심쿵했다. 가슴 뛰는 일이 점점 줄어드는 때에 잠재된 반응이 감지됐다. 인디언식 이름이 불러들이는 낯섦이 미묘한 감정을 자극한다. 뭔가를 추구하며 종종걸음 걷는 내 모습이 한 마리 조랑말로 보인다니 재밌다. 그냥 조랑말이 아닌 '꿈꾸는 조랑말'이다.

 사람은 본능처럼 응원과 지지를 아끼지 않고 보내주는 사람이나 꿈꾸던 어떤 공간에서 다시 시작하고자 한다. 곤두박질한 자존감을 회복하려 애쓰던 흔적들이 내 몸 어딘가에 남아 층을 이뤘다. 보여주고 비춰주는 게 어디 거울뿐일까. 서로의 거울이 돼 주는 관계도 나쁘지 않다. 단순히 외모와 외피를 보여주는 거울 속 모습보다는 꿈꾸는 모습이 보고 싶다. 사람만 꿈꾸는 존재가 아닐 거라는 생각으로 사물과 대상을 접하면서 접근하니 새롭다. 사물에 대한 은유와 대상에 대한 의인화가 불러들이는 경이로움은 선물과도 같다.

쉰 살의 내가 막막한 현실이 겁나고 불안해서 떨었던 스무 살의 나를 위로한다. 막연하게라도 그림이 그려지지 않았던 오십 대가 생각보다 행복하다. 아직도 소심한 면이 있지만 주저앉지 않고 나아가는 근성은 여전하다. 주어진 상황에 대한 긍정성을 최대한 이끌어내려 한다.

낯선 사람이나 새로운 공간에 대한 두려움이 사라지고 오히려 즐긴다. 피할 수 없으면 즐기라는 말을 즐겨 사용하면서 결정 장애가 없는 것처럼 보인다. 8년 가까이 근무한 곳에서 전보를 가야 하는데 올 것이 왔구나 받아들인다. 익숙한 곳을 좋아하거나 안주하는 걸 선호하면 나이 들었다는 신호라니 도전하는 걸 멈출 수 없다.

대학진학을 바로 하지 않고 돌아오길 잘했다. 필요에 의해 대학을 선택한 게 유익이다. 개인 치과의원에서 간호조무사로 십오 년을 지내며 내가 좋아하는 일과 잘하는 일을 찾기 위해 동분서주했다.

되돌아가고 싶지 않은 스무 살의 나에게 고마움을 표한다. 말은 제주도로 보내고 사람은 서울로 보내라 했다고 소리치며 첫 상경했다. 큰소리쳤어도 막상 서울역에 내려선 겁먹었던 내 모습이다. 그때나 지금이나 늘 어떻게 살까로 고민한다. 누군가에게 휘둘리지 않고 소신껏 사는 게 힘들어서 무너질 듯 울던 밤도 있다. 진솔한 마음이 가닿지 않는 곳에 너무 의미를 두지 말자고 다독였다.

쉰 살의 내가 지난여름, 전국에서 올라온 학교 비정규직들과 뙤약볕에 나앉았다. 처우개선을 위한 대규모 집회로 서울역에 모였다. 내 몫의 투쟁 목소리가 아직도 공중에서 들리는 것만 같다. 스무 살의 나와 쉰 살의 내가 밀착된다. 여전히 꿈꾸는 조랑말처럼 성장하는 중이다.

사람마다 다르게 찾아오는 전성기가 어느 순간 정성기로 들린다. 전성기는 정성기를 품어야 가능하다. 정성 들이는 시간이 있어야 뭔가 이뤄진다. 우연히 찾아오는 좋은 일들이 결코 우연 아닌 필연이란 걸 안다. 온갖 정성이 누적돼 어느 시기에 터져 나온다. 괴테는 팔십이 넘어 『파우스트』를 완성했다. 칠순인 엄마와 팔순인 아버지 모습 안에서 비춰지는 내 모습도 발견하지만 지금껏 그래왔듯이 뭔가 다르게 살고 싶다.

또다시 꿈꾸라는 주문에 아낌없이 걸려든다. 과거의 나를 만나듯 미래의 나를 만나러 간다. 이십 대처럼 삼십 년 후가 그렇게 막연하게 다가오지 않는다. 구체적인 꿈꾸기가 가능해진 탓이다. 세계적인 대가들의 전성기가 노년에 있는 경우를 보며 전성기 3기에 접어들 준비를 한다.

가슴이 떨릴 때 놀아야지 다리가 떨리면 아무리 시간과 돈, 친구가 많아도 소용없다고 국제구호전문가 한비야는 말한다. 가슴 떨리는 순간에 정성을 들이고 그 정성 들이는 순간들마다 가슴 떨림이 함께한다. 어떤 순간을 위해 희생되는 시간이란 없고 그저 그 순간만을 사는 것이다. 진행형의 삶에 대한 가치와 의미부여로 접근하니 꿈꾸는 방향 설정도 다르다. 전혀 새로운 일을 할 때 사람의 뇌는 가장 잘 돌아간다는 말과 함께 오늘도 달린다.

초록여우

 초록여우들이 파업을 한다. 파업마저도 축제처럼 즐기며 교육청 앞 땡볕에 앉아 파업가를 부른다. 깃발을 군데군데 세워두고 초록 모자와 조끼를 입은 채 사업비가 아닌 인건비를 내려달라 외친다. 가만히 듣고 들여다보면 여우가 아닌 그들도 사람이다.

 기자들이 사진을 찍고 길 가던 사람들도 쳐다본다. 무대 위에서 마이크 잡은 초록여우가 쉰 목소리로 부르짖으면 수많은 여우들이 따라한다. 우리는 물건이 아닌 사람이라고 소리친다. 사람이면 사람이라고 굳이 말하지 않아도 되는데 사람 취급 못 받는 뭔가 있다.

학교에서 일하는 비정규직인데 처음 들어간 사람이나 오래된 사람의 월급이 같다. 그 월급도 인건비가 아닌 사업비로 내려줘서 학교 운영비를 축내는 존재로 만든다. 자존감이 떨어진 초록여우들이 가만히 있지 못하고 피켓을 들었다. 교육감이 직접 고용했으니 고용주인 교육감이 직접 인건비를 줘야 한다고 상식을 말해도 다른 말하기 일쑤다. 원숭이들에게나 통했던 조삼모사가 초록여우들에겐 통하지 않는다.

여우들의 말을 사람들이 알아듣지 못해 때론 이상하게 쳐다보고 인터넷에선 불통의 불똥이 튄다. 학교에 가만히 앉아 있으라 하면 가만히 있지 왜 거리로 나와 불편하게 하냐고 얼굴에 씌어 있는 게 읽힌다. 마이크 잡은 눈치 빠른 여우는 계속 쉰 목소리로 불편을 끼쳐 죄송하다고 말한다. 한두 번 거리로 나온 게 아니어서 전체 분위기가 한눈에 들어오고 읽히는 모양이다.

교통경찰들이 안전선 확보와 길 안내를 해줘서 보폭 조

율하며 리듬감 있게 움직인다. 누군가 교통경찰에게 건넨 얼음물 몇 개가 쌓였는데 마시지도 못하고 안전지킴이 역할에 최선을 다한다. 최선과 차선 사이에서 우린 아주 중요한 일을 선택하며 매일 산다. 존재감과 자존감을 드러내고 지키려 그야말로 안간힘을 쓴다.

인도가 아닌 차도에서 거리 행진을 하다 보면 인도에 서 있는 사람들이 다르게 보인다. 가끔은 초록을 빨간색이라고 우기며 소리치는 할아버지도 있다. 줄이 맞지 않는다며 다가오던 또 다른 할아버지가 엄지손가락을 치켜세우기도 한다. 버스를 기다리던 사람들은 허공을 바라보듯 봐도 못 본 체하고 유리창 너머 바깥 풍경이 된 우리들을 표정 없이 내려다봤다.

지금껏 읽었던 책보다 더 많은 게 길 위에서 읽힌다. 일인칭 주인공 시점으로 읽히다가 또 다른 시점으로 갈아타기도 한다. 차이와 차별은 어디로부터 온 것일까. 정규직과 비정규직 구별로 삶이 피폐해졌다. 책잡힐 일 많은 세상에서 사람들은 미래 없는 오늘을 살기 바쁘다. 비정규직이어도 책을 만지고 읽으며 도서관에서 일하는 게 즐거웠는데 길 위에서 바라보니 다르다.

 초록여우들 중 한 명으로 책 속 사막의 여우를 불러냈다. 길들여지지 않는 게 있고 길들여져서도 안 되는 뭔가가 꿈틀거렸다. 한 시간 전부터 가슴 두근거리던 만남이 점점 사라지고 삭막해져서 가슴속 사막이 넓어진다. 초록별 지구가 사람 살만한 곳이 아니라는 신호음마저 감지된다.

 아무나 할 수 없는 일을 하고 있다는 자부심 하나로 견디는데 누구나 할 수 있다고 우아한 빨간 립스틱이 폭언을 한다. 폭우와 폭염 속에서의 투쟁보다 더 힘든 건 폭언이다. 자존감을 지키고 생존하기 위한 처절한 투쟁은 언제까지일까. 죽어야 끝나는 일이겠지 싶다가도 자식 세대로 이어지니 죽어도 끝나는 게 아니다.

 초록 옷과 모자를 벗고 길가에 위치한 수공예품 가게에 들렀다. 가게 진열대엔 아기자기한 게 많다. 세상에서 하나뿐인 수공예품이라고 차별성을 가진 채 누군가에게 선택되길 바랐다. 그 순간 반짝거린 건 소유와 존재에 대한 가치다.

초록여우가 눈에 들어왔다. 진열대가 아닌 개량한복 입은 가게 주인의 옷에 매달려 유혹하듯 나를 사로잡았다. 몸값이 생각보다 제법 나갔다. 다른 행성에서 건너오듯 내 꽃무늬 블라우스로 옮겨왔다. 초록여우와 사막여우가 서로 알아보고 이름을 부른다. 잠시 잊고 지냈던 어린왕자마저 불러들였다.

사막의 여우는 사막 사정에 밝은 전문가이고 학교도서관 전문가는 사서다. 사막 땡볕에서 온몸으로 견디는 여우 한 마리가 사막 너머를 응시하며 길게 소리를 뽑아내면 어디선가 다른 여우들이 구호를 따라 외친다. 폭우와 폭염 속에서도 누군가 외치는 소리가 들린다.

길 위의 미루나무

 학교를 변화시켜 세상을 바꾸자고 학교 비정규직들이 릴레이 피케팅을 하고 총파업도 한다. 급식실에서 밥을 하다 나오고 누군가의 얘기를 듣다가 상담실에서도 나온다. 대부분 여자들이고 아줌마다. 길 위로 나온 여자들이 집으로 돌아가면 누군가의 엄마요 아내이며 예쁜 여동생이다.

 학교에도 비정규직이 직종별로 있다. 직업에 귀천이 없다고 가르치는 학교 안에도 노동의 차별과 차이가 있다. 차이는 인정하지만 차별은 없어야 하기에 목소리를 낸다.

몫을 다한 목소리여서 역동적이지만 아직도 수면 위로 드러나지 않는 게 많다.

 월급이 얼마냐고 거침없이 묻는 학생 앞에서 할 말 잃을 때도 있다. 궁금한 걸 물어보는 건 창피한 게 아니라 용기 있는 거라고 말하면서도 구겨진 자존심과 내려간 자존감을 회복시키기 바빴다. 그 학생은 비정규직이 되지 않기 위해 장래희망에 정규직이라고 힘을 줘 눌러쓸 것이다. 졸업식장에서 장래희망이 화면에 뜨는데 건물주와 공무원 등 제한적이다.

 학교도서관 사서로 일하면서 좋아하는 일을 하고 있기에 꿈을 이뤘다고 말하면서도 아닐 비(非)라는 글자 하나가 늘 불편하게 따라다녔다. 아닌 것을 아니라고 말할 줄 알아야 한다는 내면의 소리에 귀 기울인다. 누군가의 꿈인 직업으로 내 뒤에 서 있는 사서를 위해 고용 안정과 처우개선을 좋게 만들어야 한다.

 인생 자체에 정규직 인생과 비정규직 인생이 있는 게 아닌데 점점 현실은 비정규직으로 내몰았다. 바늘구멍을 통해 숨 쉬면서 숨 막히는 일상을 그야말로 견디며 산다. 열아홉 책임감 강한 젊은 노동자도 지하철 스크린도어에서 안타깝게 목숨을 잃었다.

책임감 강한 나 또한 초록 옷을 입은 노조 사람들과 더불어 길 위로 나섰다. 위험하고 거친 길이라고 다른 시선으로 바라보며 겁을 줘도 멈추지 않고 나아갔다. 차별에 맞서 울다 나온 사람들이 하나둘 늘어나 서로에게 용기를 준다. 눈물의 의미가 퇴색되지 않도록 동병상련 안아준다.

서대문형무소 역사관에 가면 통곡의 미루나무가 있다. 미루나무 두 그루가 담장을 사이에 두고 심겼는데 한 그루는 살았고 다른 한 그루는 죽었다. 살아서 제 잎을 꺼내놓는 나무 옆에서 죽은 나무가 핏기 없는 입으로 말을 건넨다. 아무 생각 없이 사는 사람을 나무가 나무라기라도 하듯 쳐다보기만 해도 전해지는 게 있다. 나무로부터 사람의 체온이 느껴진다.

살아 있는 나무와 죽은 나무의 말이 한 가지로 통하듯

죽은 자는 말이 없는 게 아니다. 죽은 자는 말이 없다고 그저 바보처럼 믿었을 뿐 사실과 진실의 윤곽은 드러난다. 외면할 수 없는 현실을 고스란히 껴안은 채 초록 조끼를 입은 사람들과 두 나무 얘길 나눈다. 길 위의 미루나무인 우리도 우리들만의 할 말이 있다.

 통곡의 미루나무라 부르는 이유를 찾는다. 누군가 나무를 끌어안고 통곡하는 게 보인다. 나라의 독립을 보지 못하고 사형장으로 끌려갔으니 억울했을 것이다. 사형장 입구에 서 있는 미루나무는 살아서 독립을 보았고 사형장 안에 있는 미루나무는 무명의 독립운동가처럼 죽어갔다. 단순히 나무로만 서 있지 않고 오늘도 나이테를 만들며 할 말을 기록한다.

 그 누구보다 그늘을 넓고 짙게 만든 거목으로 자리매김한 사람과 나무가 한 가지로 통한다. 한 권의 책이 되고 한 그루 나무가 돼 담장 안팎도 별다를 게 없어 보인다.

 바람이 불고 이파리가 흔들리자 오싹한 기운이 느껴졌다. 찬 기운에 머리가 도리어 맑아진다. 시신이 나온다는 원통형 시구가 누군가의 목구멍처럼 열려 있는 게 저만치 보인다. 독립운동은 유관순 열사만 한 게 아니었다. 독립운동과 노동운동의 맥박이 동시에 잡힌다. 시대적 아픔이 묻어나고 이야기는 꼬리를 문다.

시인 윤동주는 오늘도 "하늘을 우러러/한 점 부끄럼이 없기를/잎새에 이는 바람에도" 괴로워할 것이다. 윤동주 시를 베껴 쓰며 또 다른 윤동주로 태어나 살아가는 사람들이 있다. 한때 잘나가던 전업 작가도 생활보조금을 받는 불안정한 세상에서 그럼에도 불구하고 모든 잔치가 끝난 건 아니다.

고문 받은 얼굴이 서로 비슷하게 보인다. 무표정한 얼굴로 더 많은 말을 한다. 붓기 있는 얼굴을 마주한 채 누가 더 예쁘게 생겼다고 말해서는 안 될 사진 너머의 사진들이다. 실물 크기로 제작된 일본 순사가 그런 우리를 지켜본다. 자원봉사하는 중학생들이 곳곳에 서 있고 현장체험학습 나온 초등학생들이 지나간다. 담장 너머 감시의 눈초리는 폐쇄회로 텔레비전(CCTV) 형태로 더 발달돼 삶

자체가 감옥일 수 있다. 생활고에 허덕이는 것보다 차라리 잡혀 들어오는 게 낫다고 범죄를 다시 저지르기도 한다. 담장 밖은 여전히 시끄럽고 불안하며 부끄럽다. 겁먹은 미루나무처럼 저마다 웅크린 자세다.

초록 잠바를 입은 사람들과 함께 있으니 생각이 달라진다. 통곡의 미루나무를 위로하면 위로의 미루나무로 변할 것만 같다. 나무의 위로와 사람의 위로가 한 가지로 통한다. 인간 나무들이 더불어 숲으로 변해야 산다고 행진하며 나아간다. 구호 외치며 거리 시위를 하니 이전에 느끼지 못한 생각들로 차오른다. 밑그림 크게 그리면서 더 큰 학교를 상상한다. 목소리 내지 않으면 존재감마저 드러나지 않기에 더 큰 목소리를 내다보니 통곡에 가깝다.

차별에 맞서는 초록빛 옷을 입고 오늘도 길 위로 나선다. 제자리가 전부인 양 우두커니 서 있기보다는 길 위의 미루나무로 걷는다. 제 몸을 불쏘시개로 사용했던 전태일을 만나고 노동자의 어머니로 살다간 이도 마중 나와 있다. 누군가 막힌 담을 목숨 바쳐 허물었기에 지금 우리가 있다. 더 높은 담장이 에워싸고 보이지 않는 담장이 겹을 이뤄 다가와도 출구 만드는 이는 시대마다 있어 왔다.

모두가 위험하다고 말하는 곳을 찾아 오르며 내려오고 싶어도 내려오지 못하고 있어야만 하는 사람들이 보인다. 서로 생각했던 것보다 더 무섭고 외로운 투쟁이다. 그들에게 가만히 있으라고만 말할 게 아니다. 가만히 들어보고 생각하며 들어줄 일이다.

피켓과 플래카드 도구를 맡아주는 포장마차 할매가 있다. 포차 특성상 저녁엔 밥하지 않고 술을 파는데 우리 인원수보다 더 많은 밥을 지어놓고 기다린다. 나라 구하고 돌아온 이들을 맞아주기라도 하듯이 고봉밥을 내온다. 따뜻하고 큰 그늘을 만들 줄 아는 할매다. 우리 하는 일을 캐묻지도 않고 모두 다 알고 있다는 듯 포용한다. 밥과 반찬을 비우면서 포차 할매 고향인 광주를 생각한다.

자유부인

 만남과 헤어짐을 통해 사람의 빈자리는 드러난다. 결혼 10주년에 1년 동안 떨어져 지냈다. 남편을 기준으로 보면 자유부인이요, 아들 입장에서 보면 기러기 엄마다. 다시 만날 것에 대한 기대감이 이별을 견디게 한다. 때론 감당할만한 이별 뒤로 감당이 안 되는 가슴앓이도 따라붙는다.

 남편 숙소에 침대가 두 개여서 아들을 데려다주기로 했다. 서로 좋은 기회라는 걸 감지했다. 1월 1일 함박눈이 내리고 쌓이던 날 캐리어를 끌고 아들과 함께 공항버스를 탔다. 탑승수속 시 문제가 있다며 아들을 멈춰 세운다. 아들의 책가방을 뒤졌는데 바둑알이 나왔다. 중국 바둑을 배우겠다는 아들의 마음도 함께 드러났다.

남편으로부터 '사랑하고 존경하는 아내'로 시작되는 이메일을 받았다. 아들도 데려다주고 남편의 건강 상태도 확인하고 싶었다. 행간에 더 많은 내용이 담겨 있고 남편과 아내로서의 사랑과 존경이 오갔다. 중국에 간 것은 남편의 선택이기에 그 선택에 대한 책임을 다른 누군가에게 물을 수 없다. 영하 20도의 추위에 병명을 알 수 없는 병이 남편 다리에 파고들었다. 얻는 게 있으면 잃는 게 있고 새옹지마인 인생이라지만 그런 말들을 오히려 외면하고 싶을 때가 있다.

솜바지를 입고 조선족과 함께 마중 나온 남편 몸부터 훑었다. 힘이 풀린 왼쪽 다리를 두 눈이 쫓아갔다. 왼쪽 다리를 오른쪽 다리가 끌고 가는 것처럼 보였다. 간격을 둔 채 캐리어를 끌고 뒤따랐다.

정년이 되기 전 퇴직 후의 꿈을 좇아 떠나온 남편이다.

만리장성에서 역사학자의 꿈을 꾸고 싶다기에 아들도 남편과 함께 남았다. 부자지간에 꿈꾸기 좋은 시간을 보내고 올 것이다.

두 달여 동안 익힌 중국어로 중국인들과 스스럼없이 말문을 열며 관광통역사의 길도 열어간다. 이국땅에서 현실문제를 다른 언어로 해결하는 모습이 낯선 매력으로 각인됐다.

나 또한 새로운 자유부인 이미지를 만들 것이다. 21세기형 자유부인은 나 하기 나름이다. 홀로서기 위한 자기계발로 쌓아둔 책을 바라봤다. 간접체험으로 독서만 한 게 없다는 걸 다시금 경험해보고 싶다. 독서지도사 시절엔 걸어가면서도 책을 읽었다. 생존과 생계를 위한 독서에서 생활형 독서로 거듭난다. 독수공방이 아닌 독서공방으로 시간 가는 줄 모르고 지낼 것이다. 책을 실컷 읽고 싶다는 욕구가 해소되는 기회로 만들면 된다.

공항은 남아야 할 때와 떠나야 할 때를 알려준다. 감정 추스르는 일이 내 몫으로 남았다. 탑승 후 내 자리에서 안전띠에 몸을 맡기고 비상구를 바라본다. 가족이 있는 그곳이 집이고 비상구처럼 보였다. 현관에 벗어놓은 남편 구두와 아들의 털신이 존재감을 드러낸다. 혼자 자취하던 자취생활과 결혼생활은 다르다. 결혼을 포기하려 했던 내 모습이 겹쳤다. 생각보다 담담하게 상황을 받아들이는 아들 뒤로 엄마인 내가 분리불안을 더 느낄 줄 몰랐다.

종이비행기를 날리던 아이가 실제 비행을 하며 제 꿈을 좇아갔고 아빠의 꿈과 어떤 조화를 이룰지 궁금하다. 퇴직 후의 꿈이 아닌 사십 대 꿈으로 구체화 시키며 중국 대륙을 날아다닌다. 현재진행형의 삶엔 반전과 아이러니가 있어 살만하고 중년의 쉼표도 만들기 나름이다.

10월이 오면 두 사람이 돌아온다. 자유부인의 자유는 남편과 아들이 준 특별한 선물이다. 긴장과 이완을 하며 맥박이 뛰듯 자유와 책임이 긴장하도록 만든다. 언제든 자신을 방치하면 방전되기에 가만히 있지 못한다. 어제의 나와 오늘의 내가 비교 대상으로 남아 비상을 꿈꾼다. 가족과 떨어져 자유부인이 되기도 하지만 돌아온 가족과 함께 어우러져서도 자유롭다. 생활 여건이 더 안정적인 자유부인으로 서로의 꿈을 응원한다. 다양한 자유를 위해 지갑 열기 좋은 날이다.

바둑과 글쓰기

 선택과 집중의 시간이다. 뭔가에 집중하는 모습은 그 자체로 아름답다. 어떤 선택에 의한 집중인지가 관건이다. 바둑 두는 아들의 모습이 남다르다. 스스로 바둑을 선택한 후 집중하기 때문이다. 공부가 아닌 바둑, 그만하고 어서 자라는 말을 한두 번 한 게 아니다. 그야말로 바둑으로 충만하다.

 빛이 있으면 어두움이 있고 일할 때가 있으면 쉴 때가 있다. 결핍과 충만이 한 뿌리처럼 다가오고 욕구와 욕망도 성찰의 대상이다. 부모가 된다는 것은 다시 한번 태어나 성장할 수 있는 기회로 작용한다.

자정이 지나도록 자식 바둑 두는 소리를 들으며 잠이 들 줄 몰랐다. 대부분 부모보다 자식이 먼저 눕고 잠들 거라는 생각이 지배적이었다. 다 함께 잠들고 일어나는 게 아니라 제각각이다. 풀꽃처럼 어우러져 피어나는 꿈들이다. 올라갈 때 보지 못한 꽃을 내려갈 때 보았다는 어느 시인의 시처럼 내 꿈과 아들의 꿈이 만나 서로 활성화된다. 새로운 꿈의 창이 열리고 닫히는 순간을 지켜보고 지켜주려 애쓴다.

바둑판과 글에서 흑백논리가 보이고 읽힌다. 나만의 꽃을 피우고 목소리 갖기가 쉽지 않다. 모방과 창조의 시간이 그렇게 뒤섞여 흐른다. 실패와 실수의 순간을 맞보며 성장하는 시간이 누구에게나 있다. 통과의례처럼 거쳐야만 되는 관문들을 누군가 대신해줄 수 없다. 줄탁동시의 순간이 거저 주어지는 게 아니다. 이기고 지는 승패에 갇히기보다는 그 너머로 나아가야 한다.

부모의 뒷모습이 보인다. 부모의 뒷모습을 보고 성장한

다는데 나 또한 그럴듯한 뒷모습을 가졌는지 모르겠다. 내가 보지 못하는 내 뒷모습에서 발견되는 건 뭘까. 뭐라고 쓰여 있는지 궁금하다. 서로 읽고 읽히는 것들에 대한 성찰을 요구한다.

요즘 아이들은 부모가 뭘 하는지 잘 모른다. 모르는 것에 대한 부끄러움도 없다. 부모 또한 자식들이 뭘 하고 싶은지에 대한 관심보다 현실적인 안정과 대세를 더 강요한다. 서로 바라보는 관점이 다르니 충돌이 일어날 수밖에 없다. 알아보고 알아주는 인정 욕구의 결핍으로 사는 게 거칠다. 거친 언어로 표현되는 거침없는 말들에 할 말을 잃는다.

바둑판 경우의 수는 얼마나 될까. 사람이 아닌 인공지능과 상대할 경우 대처 능력은 더 요구된다. 사람의 표정 읽기처럼 읽히는 감각이 얼마나 발휘될까. 사람이기에 포커페이스로도 감춰질 수 없는 순간이 있을 테다.

한창 놀아달라고 바둑판을 들고서 다가올 때 오목이나 알까기로 대신했다. 마지못해 선택하고 놀아주는 단계는 상대방에게 들키고 만다. 욕구를 채워서 제 방으로 들어가기도 하지만 욕구를 채우려고 방문을 닫아버리는 경우도 있다. 아들의 놀이 상대가 되던 잠깐의 시간이 지나고 그 자리를 인공지능에게 내줬다. 점점 내어주고 내어놓는 단계로 나아간다.

첫 경험이라는 말을 하면 가슴이 뛰는데 생각해보면 뭐든 생애 최초의 경험이다. 통장을 만들어주고 벼락 맞은 나무에 도장도 기념으로 파줬다. 그 통장엔 세뱃돈과 친척들에게 받은 용돈이 고스란히 담겼다. 아들과 제일 먼저 면대면한 친정엄마 정보를 아들 통장에도 담아줬다. 뭐든 담다 보면 닮게 마련이다. 배낭여행을 가거나 뭔가 그럴듯한 일에 사용하라고 했는데 그 시기가 생각보다 앞당겨졌다. 아직 바둑 도장에서도 인공지능을 도입하기 전인데 AI 인공지능과 바둑을 두기 위한 컴퓨터 구입에 사용됐다.

하루종일 바둑만 뒀으면 좋겠다는 아들의 원함을 흘려듣지 않고 학교와 소통했다. 급식 먹은 후 오후 시간부터 바둑 도장에서 살다 오는데도 자정을 넘긴다. 집 컴퓨터와 탯줄처럼 연결돼 도장에서도 바둑을 둔다. 순천에 바둑고등학교가 있고 명지대에도 바둑학과가 문예창작학과처럼 있다.

글짓기대회처럼 바둑대회도 전국에서 다양하게 열렸다. 얼마 전엔 부안에서 하는 바둑 전국대회에 참석하느라 주말 아침부터 분주했다. 문학소녀로 찾아다니던 글짓기대회가 생각났다. 자기 계발 휴직을 하고 퇴직 후에 하고 싶은 일을 하겠다며 시험 장소로 향한 남편 대신 기동력 없는 내가 움직였다. 흰 돌과 검은 돌을 복장으로 표현하듯 진행요원들은 검정 하의에 흰 와이셔츠나 블라우스 차림으로 움직였다.

고수들의 표정에서 포커페이스와는 또 다른 바둑페이스가 전해진다. 아들로부터 전해들은 그 말이 무섭게 다가왔다. 오십이 넘어도 감정을 잘 숨기지 못해서다. 감추기와 드러내기가 잘 된 문장처럼 분야별 고수는 뭔가 다르다. 페르소나의 입체성을 간과하다 보면 프로 같지 않은 모습에 실망하기도 한다. 긴장과 해소의 바둑판에서 흰 돌과 검은 돌이 흔들리고 흰 종이 위의 검은 글씨마저 흔들린다. 아직 두지 못한 신의 한 수가 남았고 쓰지 못한 경험치가 있다.

세탁기 사망진단서

 사람을 들이듯 세탁기 들이는 데 이것저것 따져 물었다. 주문했던 세탁기가 들어온다니 휴일 늦잠도 반납한 채 세탁기 곁을 맴돈다. 냉수와 온수 호스를 감쌌던 헌 옷가지를 풀고 호스를 **빼낸다**. 세탁기 위에 흘린 세제 가루 훔치며 세탁기를 쓰다듬는다. 허물처럼 벗어놓은 옷가지들을 **빨아주다** 멈춘 대상에 대한 연민이다. 어느 소설가는 『인생사용설명서』를 쓰고 어느 목사님은 『결혼설명서』를 냈는데 나는 '세탁기 사망진단서'를 발급하고 있다.
 가전제품에 속했어도 세탁기는 뭔가 다르다. 그 다름에

연민이 묻어난다. 사람을 닮았고 그중에서도 엄마를 닮았다. 물길 따라가듯 가보면 오래된 빨래터에 쪼그려 앉은 모성애와 만난다. 안방과 거실에서 사랑받는 티브이와 다르게 세탁기는 습하거나 차가운 곳에 있다. 욕실이나 베란다 쪽에 웅크린 채 나앉았다.

사람뿐만 아니라 모든 사물에는 존재감이 있다. 그 자리를 지키고 지켜내는 이야기가 있다. 사람은 좋아하는 일 하면서 존재감을 느낀다. 좋아하는 일과 잘 하는 일이 직업이 되면 행복하다. 좋아하는 일이 뭐고 어떤 사람이 되고 싶으냐고 누군가 물어봐주길 바랐다. 어느 시기가 지나면 스스로에게 물으며 길을 찾기도 한다. 마흔 넘어 좋아하는 일이 직업이 돼 시공간을 돌고 도는 일이 재밌다.

자취생활이 십 대에 시작됐고 경제적인 독립도 빨라졌다. 이십 대에 노후대책 한다고 월급의 반을 연금보험에 붓기도 했다. 내 자리를 만들고 더 좋은 자리로 나아가기 위해 돌고 돌았다. 젖은 빨래처럼 축 처졌다가도 툭툭 털고 일어서야 했다.

시립병원 중환자실에서 실습하던 스무 살의 내가 보인다. 생사를 넘나들던 환자의 호스 빼고 시트를 거둬낸 후 죽음의 그림자를 닦았다. 인기척 없는 그림자에서 무섬증을 느꼈다. 죽음의 그림자가 이따금씩 엄습하여 삶을 보여줬다.

언제나 내 방에선 햇빛과 그늘이 세제와 물처럼 맴돌았다. 이 집 저 집 전세로 옮겨 다니며 욕실이나 마당가 수도에 쭈그려 앉아 손빨래를 했다. 막노동하며 재수하던 막내 옷은 세탁기가 있다고 하더라도 내 손을 거쳐야 했다. 시멘트 묻은 옷에 비누칠하며 우두커니 엄마처럼 앉아 있었다.

세탁기가 사람을 닮았는지 사람이 세탁기를 닮았는지 모르겠다. 부품 교환하는 서비스 한 번 받았을 뿐인데 마지막 신호처럼 'FE'가 깜박거렸다. 전원을 눌러보고 수도 꼭지를 열어봐도 글자가 사라지지 않았다. 결혼하면서 샀으니 십 년이란 세월이 세탁기 안에서 빨래들과 함께 돌아갔다. 아들 옷은 빙글빙글 돌면서 툭툭 털면 마술에 걸린 것처럼 사이즈가 커졌다. 세탁기 사용설명서가 어딘가에 있을 텐데 찾는다는 게 새삼스럽다.

서비스센터에 전화를 걸었다. 세탁기 상황을 물었다. 에프이가 뜬다고 했더니 물이 넘친다는 뜻이라며 물을 빼고 사용하란다. 대수롭지 않은 일처럼 건조한 목소리다. 빨래 돌릴 때 세탁기 안에서 뭔가 옷을 물어뜯는지 옷에 구멍이 난다고 되받아치다가 제발 점검해달라 부탁했다.

출장 나온 7년 차 서비스 기사가 전원을 켜자 물새는 소리가 보란 듯이 나고 빨래 없는 통돌이가 거품까지 토해내며 사력을 다한다. 서비스 기사가 출동하기까지 전원을 몇 번 켰다가 껐었는데 그때마다 무리가 갔나 보다. 기회라는 타이밍을 놓쳤다. 물이 새서 부품 깊숙한 곳까지 들어가 손을 댈 수 없다. 그 순간 에프이가 'FE'로 다시금 인지됐다.

십 년 된 제품이라 부품도 없다면서 돈이 제법 들겠다는 말을 반복한다. 세탁기를 버리라는 말처럼 들린다. 마치 의사가 전신마취된 상태로 수술대 위에 놓인 환자를 두고 보호자 불러 상황 설명하듯 진지하다. 남편에게도 상황을 알렸더니 담담하게 받아들인다.

고장 난 것은 부담을 준다. 자리만 차지한 애물단지이니 돈을 주고라도 버려야 한다. 이따금씩 수명을 다하는 것들에 마음이 쓰인다. 버려지는 것들에 대한 연민이다. 낡은 것 혹은 헌것이 새것에 의해 밀려나는 속도가 점점 빨라진다. 시대 흐름에 역행하기 힘들다.

사람들의 정신도 세탁기처럼 깜박거린다. 감지되는 깜박거림이 신호를 보내도 자가진단으로 끝나기 쉽다. 뭔가를 깜박깜박 잊다가 자기 존재감마저 잃어버린다. 손빨래하던 감각도 무뎌진다. 와이셔츠 날 선 주름도 옷과 빨랫감 사이를 오가며 무뎌질 것이다.

"냉수와 온수는 정맥과 동맥처럼 세탁기와 연결돼 있었다. 겨울 추위에 심혈관에 이상이 생겨 응급을 요하는 신호음을 보냈으나 제대로 대처하지 못했다. 전문 서비스 기사를 즉시 불렀어야 했는데 자가 진단하여 오진한 결과

수돗물이 부품 깊숙이 퍼지도록 방치해 사망에 이르게 했다"는 세탁기 사망진단서를 발급한다.

  참회하듯 욕실 바닥에 쭈그려 앉아 두 손으로 손빨래를 했다. 남편도 쭈그려 앉아 손빨래를 했는지 흔적이 남아 있다. 손빨래하면서 손바닥 가득 세월이 주물거렸다. 거품처럼 사라지고 헹굼질에 씻겨간 줄 알았던 근원적인 물음들이 찾아왔다. 욕망하는 인간의 군더더기는 씻길 줄 모른다. 안방 티브이 자리에서 세탁기 자리로 밀려난 노후대책은 주책없이 FE 사인을 보낸다.

인연

초식동물인 말의 꿈을 인간이 대신 꾸고 이룬다. 직립보행의 한계를 대신하는 기계들의 움직임에 감탄한다. 남편의 빨간 아토스를 적토마에 비유해야 할지 조랑말로 불러들여야 할지 모르겠다.

소개로 만난 남편에게 차가 있냐고 물었다. 작은 남자가 작은 차라고 작게 말해서 굴러가기만 하면 된다고 했다. 사람이나 차 모두 보이는 사이즈는 중요하지 않다. 노처녀의 소개팅 소식은 교회 후배들의 관심사여서 자칫 집으로 몰려들었다. 언제 시집가냐는 소리를 이곳저곳에서 듣는 중이었기에 목사님 설교보다 내 말에 눈이 더 커졌다.

빨간 아토스 조수석에 앉아 가고 싶은 곳을 주문하면 이뤄졌다. 운전하면서도 머리칼이 헝클어지지 않도록 창문 바람을 조절해줬다. 내 자리에 어머니가 탔었다. 아들에게 차를 사준 후 아들 옆자리에 몇 번 앉지도 못하고 먼 길 떠나셨다. 뒷자리에서 모유 수유를 하는 동안 조수석에 친정엄마가 앉았다.

몇 년 전부터 카센터 드나들기 바쁘다. 일주일에 한두 번 교회 다녀오는 정도였는데 올해부터 고속도로로 불려 나갈 일이 많아졌다. 순천에 있는 한국바둑고등학교에 진학한 아들의 짐을 트렁크에 싣고 휴게소 들러 쉬엄쉬엄 가자고 다독인다. 소형차이고 노화돼 타고 나선다는 게 어쩌면 모험이기도 하다. 생존경쟁에 노출된 사냥터에서 사냥개들에게 쫓기기라도 하듯 아찔한 순간도 있다. 때아닌 비바람에 차체가 흔들리면 안전벨트부터 부여잡는다. 생명과 직결되는데 차 바꾸는 걸 더 이상 미뤄선 안 되겠다.

카센터 주인의 지도 점검 후 길을 나서도 한계가 있다. 속도를 내줘야 하는 곳에선 함께 속도 내서 달려야 하는데 갓길로 빠져 덩치 큰 놈들을 보낸 후 간다. 3년만 더 타면 영화 출연해도 되겠다는 카센터 주인 말이 대사처럼 따라붙는다. 처음 들었을 땐 따라 웃었는데 웃을 일이 아니다.

내려가는 길에 전주에서 남편의 버킷리스트처럼 느껴졌던 또 하나의 목적을 이루기로 했다. 우리 결혼식에서 뵌 게 마지막이었던 분과의 만남이다. 일정 조율을 서로 부담스럽지 않도록 배려하면서 했다.

남편의 고등학교 첫 담임을 만나는데 아들도 함께했다. 식사하러 이동하는데 조수석 삐걱거리는 문짝이 신경 쓰였나 보다. 교장 샘이 당신 차에서 기름을 가져와 응급조치처럼 쳐줬는데도 삐걱거림이 멈추거나 사라지지 않았다. 아들을 게스트하우스에 내려주고 인근 커피숍에서 선생님을 다시 만나기로 했다. 사모님도 같이 나왔는데 애기하다 보니 여고 선배다. 타임머신을 탄 것처럼 넘나드는 이야기에 빠져들었다. 같이 늙어간다는 말에 십여 년 나이 차이도 꼬리를 내린다.

담임을 형처럼 따르고 함께 목욕 가자고 말한 이유가 드러났다. 본능적으로 결핍이 결핍을 알아보고 보완하려 든다. 둘 다 아버지를 일찍 떠나보낸 아픔이 있다. 결혼할 때 장인어른이 마음에 들어 결혼했다고 하니 단아한 사모님 입이 벌어진다. 퇴직을 앞에 두고 빈말이라도 사랑 고백하기 좋은 기회인데 돌아가신 장인어른과의 인연을 감추지 않는다.

아버지에 대한 기억이 없기에 좋은 아버지가 되려고 남편도 애쓴다. 기숙사로 먹거리를 보내고 아들이 집에 오는 날이면 마중 나가기 바쁘다. 아버지의 사랑 표현이 때론 거친 듯 투박해도 그 투박한 결에 드러나는 부성애가 아들은 그리울 것이다. 매끄럽지 못한 사랑 표현이 때론 사람을 더 울게 만든다.

조수석에 앉아 남편의 애마에게 말을 걸었다. 나보다

더 오래 만난 사이라는 걸 존중하고 제 수명을 다해가는 존재에 대한 예의라 생각했다. 애마를 남성이 아닌 여성으로 내 안에서 그동안 감지하고 있었나 보다. 애마라는 말도 그런 이유에서 등장했구나 싶다.

남편이 중국에 1년 다녀오던 그해 아파트 지하 주차장에서 두문불출할 때가 있었다. 살아 있는 생명에게 밥을 챙겨주듯 일주일에 한두 번 시동만 걸어줬다. 나름 정성을 들였는데도 방전이 돼 서비스를 받았다. 운전면허가 있으면서도 왜 내달리지 않고 방치했는지 내게 물었다. 운전에 대한 두려움이라고 솔직하게 말했다.

어쩌면 아들이 운전면허를 따고 운전 연습을 이 차로 하게 될지도 모른다. '초보운전' 스티커를 붙인 후 어딘가로 내달리는 아들의 모습도 멀지 않았다. 시동 켜도 켜지지 않는 그 순간이 머지않음을 감지한 채 주차장을 빠져나온다.

그녀의 치아

 특별한 나를 꿈꾸다 평범한 나로 돌아온다. 34년생인 그녀는 특별했다. 하인들이 있는 집안에 태어나 명문학교만 거쳐 치과의사로 살았다. 68년생인 내가 감히 넘볼 수 없는 이야기로 넘쳤다. 부럽다고 느끼는 순간 지는 것이라 여겼기 때문일까.

 강남치과는 서울 중화동에 있었다. 7호선 중화역에서 내리면 지금도 1층엔 오래된 가구점이 있고 강남치과 간판이 있던 곳에 권투장이 들어섰다. 그 건물 뒤쪽 3층 건물에 원장님과 가족들이 산다.

오십여 년을 현직 치과의사로 살았다. 내가 몇 대 간호조무사였는지는 알 수 없다. 물론 헤아려보면 알 수도 있겠지만 그게 무슨 의미가 있을까. 십오 년을 결근하지 않고 엘리베이터도 없는 낡은 건물 계단을 오르내렸다. 하얀 가운을 입고 계단을 오르내리며 물청소하는 스물한 살의 내가 보인다. 출산예정일이 내일이라고 남산만 한 배를 드러내며 인사했던 서른여섯 살의 나도 겹친다.

그녀를 넘어서는 특별한 내가 되고 싶었다. 병원 일이 맞지 않는데도 생계를 위해 버텨야 했다. 생존이 아닌 생활을 하고 싶어서 퇴근하면 진짜 강남으로 진출했다. 역삼역에 위치한 학원을 드나들며 자격증 따기에 바빴다. 주경야독하며 간이역 없는 청춘열차가 어딘가를 향해 달렸다.

그녀의 퇴임식은 조촐했었다. 원장님 집 옥상에서 지인들과 함께 삼겹살 파티를 열었다. 이렇게 소박해도 되나 싶을 정도였다. 그때 있었던 몇 사람과 두세 사람 더 초대해 또다시 삼겹살을 구웠다. 그녀는 옥상에서 흙 놀이

하며 상추와 고추 등 심어놓고 들여다보기를 좋아했다. 옥상에 심긴 야채들은 저 홀로 꼿꼿한데 지팡이에 의지한 그녀가 자리를 잡는다. 이젠 당신 한 몸 추스르기도 버거워 의지할 대상이 늘었다. 그녀에게 의지했던 대상들이 이젠 그녀를 부축한다. 무섭도록 야단쳤던 그 목소리는 오간 데 없고 순한 양처럼 사람들 말에 귀 기울일 뿐이다.

 늙은 강아지가 가끔 물려주는 고기를 얻어먹으려고 그녀 곁에 누워 눈치를 본다. 그녀 눈치를 보며 눈치껏 행동했는데도 본뜬 모형에 기포라도 생기는 날이면 한없이 작아져야만 했다. 그녀 행동 변화를 살짝살짝 지켜본다. 가만히 지켜볼 뿐 지켜줄 수는 없다. 내 입속에도 그녀 작품이 있고 그 자리에 있는 사람들 입안에도 고스란히 있는데 정작 그녀는 의치 없이 고기를 씹는다. 짧은 치아가 서로 닮았다고 웃었는데 나눌만한 추억에도 한계가 와서 할 말을 잃는다.

 당신 친정어머니도 예쁜 치매였는데 당신이 걱정하던

그 치매로부터 벗어나지 못한 게 안타깝다. 손녀딸에게 직접 수학을 가르치고 오성식의 굿모닝 팝스를 빼놓지 않고 들으며 관심사와 호기심 영역이 넓었다. 그나마 그렇게 했으니 지금의 모습 아닐까. 이러다 나까지 못 알아보면 어쩌지. 누군가의 기억 속에서 잊히고 지워진다는 게 어떤 의미일지 상상만으로도 유쾌하지 않다.

특별함에 깃든 평범함과 평범함에 깃들인 특별함이 있다. 점점 작아지는 그녀가 하나의 점이 되어 지상에서 사라질지라도 누군가 기억한다면 그 자체로 의미 있다. 환자 보기 전에 입냄새 날까 봐 수시로 칫솔질하던 그녀가 양치질마저 귀찮다고 숟가락 내려놓듯 칫솔을 내려놨다. 발치 감자로 겁먹은 어린 애에겐 마취 주사 놓지 않고 살살 옛이야기 하듯 이야기로 마취시켜 눈 깜짝할 사이에 이빨을 뽑았다. 아파서 우는 게 아니라 허망하고 허전해서 우는데 솜을 물리니 울음소리마저 뽑힌다.

긴장감이 고조되는 핸드피스 돌아가는 소리가 귀에 들린다. 아직도 꿈속에서 중년의 그녀를 만나 썩션을 하고 예리한 기구들을 닦아 소독기에 넣으며 종종걸음 걷는다. 본뜬 석고에 기포라도 날까 봐 한 걱정하는 꿈속 장면으로부터 자유롭지 못한 무의식이다.

 탈북자들이 있는 하나원에 가서 본을 떠오기도 했다. 가난한 노인들 치아는 기공료만 받고 해줬다. 수많은 치아들이 어딘가에서 그녀 얘길 하고 있을지도 모른다. 그때 그 키 작은 여자 치과의사가 지금도 살아 있을지 몰라. 아마도 살아 있다면 지금 몇 살쯤 됐을까. 치과는 문 닫았겠지. 그녀 덕분에 잘 먹고 잘 살고 있다는 고백이 어디선가 들리는 듯하다.

 돌멩이가 있기에 개울물에서 물소리가 나듯이 사람 입 안에도 치아가 있어 소리가 난다. 80이 될 때까지 20개의 자연치아가 남아 있길 바라는 치약 이름도 있다. 이갈이를 계속하는 동물들도 있는데 사람의 치아는 남다르다. 어느 누구나 예외 없이 이갈이 후에 새로 나지 않기에 치과의사가 필요하다. 물론 선천적인 결손으로 유치를 쓰는 데까지 쓰는 경우도 간혹 있다. 의치나 임플란트가 보편

화되고 치과가 한 길 건너에도 있다. 치과의사로 반평생을 살았던 그녀에게 그녀 이야기조차도 옛날이야기처럼 아득하게 다가올지 모를 일이다.

사람을 읽는다는 것

 사람 냄새나는 사람이 좋다. 인간미를 외모보다 더 중요시하며 사는 내가 좋다. 유행어처럼 '인간이 아니무니다'로 얼버무릴 게 아니다. 『잭과 콩나무』에서 거인은 인간의 냄새가 난다며 코를 벌름거린다. 거인이 흘리는 말을 누군가 숨어서 듣는다. 하늘에 있는 거인의 성을 오르내리다 꼬리가 밟힌다. 요술 콩나무를 타고 대범하게 거인의 재물을 훔치다 들킨다. 어느 부분이 복선이란 걸 감지하며 긴장과 이완을 반복한다.

 잭처럼 우리도 살아 있는 동안 어딘가를 향해 오르락내

리락한다. 그곳엔 거인 같은 존재가 있고 냄새를 맡는 다양한 코들의 벌름거림이 있다. 때론 숨겨주는 이도 만나 절묘하게 위기 극복을 할 때도 있다. 사람은 삶이라는 갈등에 노출된 채 한 권의 책처럼 읽힌다.

책은 복본이 있으나 사람의 인생은 복본이 없다. 동일한 책이 다르게 읽히는 경우 읽는 사람의 배경지식과 관련된다. 지금 여기에서의 총체적 사고로 책은 읽히기 때문이다. 낯선 사람을 만난다는 것 또한 한 사람의 인생 전체와의 만남이기에 의미가 있다. 신간 서적에 대한 호기심처럼 새로운 사람에 대한 경계심을 풀고 만날 때가 있다.

분위기에 긴장감을 주고 무섭게 겁주는 이들이 조직마다 있다. 인간미 있는 사람이 돋보이는 순간이다. 냄새는 향기에 비해 더 구체적인 느낌으로 파고든다. 형용사를 곁들이지 않고 있는 그대로 와 닿기에 언어의 근원지와도 맞닿은 느낌이다. 누군가 방귀를 뀌면 방귀의 근원지가 뽀록나듯이 속일 수 없기에 더더욱 인간적이다. 가장 인간적일 때 인간미는 최고조를 향한다.

 책이 귀하던 시절 사람에 대한 대우도 달랐던 것 같다. 책이 넘치고 사람 또한 넘치니 그야말로 책잡힐 일이 많다. 읽고 읽히는 관계로 먹이사슬처럼 치열하게 노출됐다. 사람이 잘못 읽고 읽혀서 걸리적거리는 모양이다. 걸리적거린다는 말의 의미를 검색하니 실상을 예를 들어가며 보여준다. 지적장애 아들이 걸리적거린다며 아버지가 살해했다는 기사가 떠 있다. 엄마란 사람은 옆에서 지켜보기만 했다니 무섭다. 장애 아들과 아버지, 엄마라는 사람을 어떻게 읽어야 할까. 행간과 여백을 읽어내는 데 지금껏 살아온 모든 것이 동원된다. 읽어야 할 게 책이라는 것으로 한정시켰던 어리석음이 있었다. 어린 시절 책을 읽지 못했던 결핍이 있었다. 책을 맘껏 읽지 못했어도 자연을 읽으며 자랐으니 그 또한 축복이다. 할매들 편지를 대필하면서 주름진 마음마저 읽은 경험이 자산처럼 남았다. 아버지뻘 되는 할매들 자식 이름을 넉살 좋게 부르면서 안부를 묻고 계절 인사를 나누느라 매미 소리에도 귀를 기울였다. 정자나무를 휘돌아 나가는 할매들 상여와 상엿소리에 내재된 감각이 깨어났었다.

그야말로 세상 모든 것이 읽을거리다. 세상이라는 책은 소리글자이기도 하고 상형문자이기도 하면서 회의문자이기도 하다. 사람이 세상이고 세상이 곧 사람이다. 정작 사람을 읽지 못하는 오류에 빠져 허우적거릴 때도 있는데 사람을 사랑한다는 것은 그 사람을 읽어준다는 것이다. 한국십진분류표에 따라 도서관 책은 분류된다. 사람의 주민번호처럼 책마다 청구기호가 있어 서가의 한자리를 차지하는데 인문학 서적은 800번 대다. 끼리끼리 논다는 말처럼 책들도 고만고만하게 모아진다. 시집끼리 모이고 소설끼리 모아놓고 진솔한 수필집까지 제자리를 찾으면 도서관은 소란스럽다. 그림책들도 그림과 글이 서로 뽐낸다.

인간관계도 십진분류표에 따라 책처럼 분류되고 세분화된다. 스마트폰을 터치하지만 무미건조한 스킨십에 오히려 목마르다. 종이책처럼 읽히는 사람과 전자책처럼 느껴지는 사람도 있다. 직업이 사서이다 보니 주로 도서관에서 책과 더불어 논다. 사서도 사서 나름이어서 논다는 말을 잘못 읽고 오해하는 이도 있을 것이다. 사람과 놀듯이 책과 더불어 논다. 사람 냄새 나는 책이 좋다. 사람을 정독하듯이 읽으며 공감한다. 첫 문장만 읽어도 이미지가 그려지고 느낌이 오는 사람이 있다. 밑줄을 긋기도 하고 그대로 받아쓰기를 할 때도 있다. 베껴 쓰기 하면서 나만의 문장을 만들 때도 있다.

재미와 감동이 있는 책을 추천하듯이 사람도 추천 대상이다. 맛난 음식을 알아보듯 좋은 책과 사람 알아보는 시각도 비슷하다. 스테디셀러로 자리매김한 책 같은 사람도 있고 대출하지 못하는 사전류 같은 사람도 있다. 사람과 사물 읽기가 병행되는 일상이다.

동선

 신종 코로나바이러스 감염증(코로나19) 확진자 정보가 금세 퍼진다. 남의 일로만 받아들일 수 없기에 수시로 긴장한다. 그 사람의 동선과 겹치는지 따지며 출입에 제한을 둔다. 마스크를 쓰지 않아 혹시라도 민폐 끼치는 사람이 될까 봐 두려워서 더 착용한다. 사람들 몸의 일부가 된 마스크다.

 미세먼지로 힘들었던 봄날을 코로나19와 비교하니 미세먼지는 아무것도 아닌 것처럼 보인다. 사람살이가 다 그렇구나 싶어 웃다 보면 또 한고비 넘어가 있을 것이다.

힘든 순간들을 함께했던 소중한 사람들과의 인연이 이 봄날 가슴 뛰게 한다. 저마다 향기를 지닌 사람들이 봄꽃처럼 피어난다. 산수유꽃을 보면 생각나는 사람이 있고 목련과 진달래, 개나리와 냉이꽃 등 보이는 꽃과 사람들이 겹친다. 생기와 죽음의 그림자가 뒤섞였어도 나만의 동선 찾기와 회복은 또다시 일어난다.

이 또한 지나가리라는 말의 위로는 생명을 내걸고 방역하는 누군가의 헌신이 있기에 가능하다. 보이지 않는 사람들의 보이는 가치가 연계와 연결을 통해 드러나고 다가온다. 그 동선을 쫓거나 좇는 이들이 있어 이 또한 가능한 일이다. 공동체와 다음 세대까지 아우르는 영역 확장이 일어난다. 나를 지키기 위한 최선의 방법은 다른 사람들과 함께한다는 공동체의식에서 나온다. 이기적인 순간들을 이타적인 삶의 가치들이 부끄럽게 만든다.

불안과 긴장감을 주는 소식이 들릴 때마다 사람들은 집안으로 파고든다. 재택근무와 무관한 사람들은 말려둔 마스크를 집어쓰고 다시 나가야 한다. 생각의 동선은 발목이 묶일수록 꼬리를 물고 예민하게 반응한다. 생존과 생활에 대한 관계 설정이 보이지 않는 바이러스와 전쟁하면서 재설정된다. 인류를 위협하던 그 모든 것들로부터 살아남은 흔적이 내 몸 안에 남아 있다. 코로나19의 동선도 조만간 보이고 잡힐 것이다. 내 몸 읽기와 함께 감정선도 따라가며 읽는 시간이다.

우울하고 불안해서 주저앉기보다는 어떤 동선을 그리면 좋을지 생각한다. 그동안 읽지 못했던 책을 읽거나 보고 싶었던 영화도 찾아보기 하면서 자기만의 온기를 만든다. 체온보다 높은 열에 들뜨거나 시달리지 않도록 사람의 온기 회복에 신경 쓴다.

코로나19로 인해 안전에 대한 안내 문자가 이곳저곳에서 온다. 중앙재난안전대책본부에서 가족분들은 어르신께 안부전화 해달라고 보냈다. "떨어져 있어도 마음은 가까이"라는 표현과 함께 묻어오는 말에 온기가 있다. 엄마도 같은 문자를 받았다고 내게 전화했다. 내가 어르신인가 반문하며 서로 웃는다. 웃을 일이 딱히 없어도 웃어야 하는, 웃으면서도 슬픈 봄날이다.

코로나19 예방한다고 포옹이 사라지고 악수도 하지 말라는데 맘껏 안아주고 손잡아도 괜찮았던 그 순간이 불과 얼마 전 일이다. 과연 코로나19 이전으로 되돌아갈 수 있을까. 사람을 사람으로 보라고 코와 입만 마스크로 가린 채 그나마 두 눈을 남겨둔 모양이다.

"니가 왜 거기서 나와"라는 트로트 가사에 움찔한다. 이유 있는 당당한 삶이지만 생활방역 동선이 자유롭지 못하다. 긴장의 끈을 놓을 수 없는 상황에서 어떤 이야기를 만들고 그릴지 고민한다. 어떻게 살고 죽을지에 대한 삶의 가치 추구도 고스란히 묻어난다.

제3부

보란 듯이 사는 나

센 여자

태양에 맞서는 그대

누군가의 그늘입니다

  서울도서관 외벽에 내걸린 서울꿈새김판 문안이다. 여름을 맞이해 활기차고 생동감 넘치는 글귀를 주제로 진행된 공모전 수상작이다. 내일에 대한 기대와 용기를 담은 문안을 만들고 내걸기까지의 과정도 읽힌다. 보이는 수고와 보이지 않는 가치가 동시에 읽힐 때 성장한다. 도서관의 종류는 달라도 공공도서관과 학교도서관이 연계돼 역동을 일으킨다.

 상황에 걸맞은 적절한 말 한마디에 사람들이 감동한다. 말의 힘과 세기를 모르는 이 없다. 누구의 말이라고 출처를 언급하며 또다시 말은 시작되고 회자된다. 작가는 죽어도 말과 글은 살아남아 힘을 발휘한다. 적시에 적서를 적자에게 주는 일이 어제도 오늘도 의미 있다.

 학교도서관을 드나든 지 십 년이 돼 간다. 학교 구성원으로 학교생활하는 맛이 있다. 여느 조직처럼 학교도 권위와 권위주의가 공존한다. 권위와 권위주의가 오십보백보처럼 다가와도 그 차이는 거리감과 괴리감처럼 벌어진다. 권위적인 사람에게 권위적이라 말하면 화를 내고 권위 있는 이에게 권위적이라 말하면 그런가 보다 웃고 넘긴다. 권위는 아랫사람들이 만들어주는 것이기에 어떤 의미에선 스스로 권위를 세우려 애쓰지 않아도 된다.

 경력단절을 딛고 들어간 학교도서관이다. 초대 사서로서 비교 대상 없이 뭔가 개척하기 좋았다. 지시에 의해 수동적으로 움직이기보다는 자율적 감각으로 전문성을 발휘했다. 자기 자신을 믿으라는 성공한 사람들 얘기에 귀 기울였다. 누군가로부터 엄지 척! 사인받으면 아이처럼 신났다.

이런 사서 처음 본다는 말도 들었다. 내재된 성향 차이를 묻어두기보다는 차별화시킨다. 익숙한 일이라고 반복하기보다는 앞뒤 문장을 도치하듯 순서라도 변화를 줘볼 일이다. 스스로 매몰되는지도 모르게 묻히고 도태되지 않기 위한 작전이다. 봄에 했던 행사를 겨울에 해보기도 하고 대상과 장소도 변화 대상으로 삼는다. 보편적인 개념이나 개인적인 생각의 차이를 극복하거나 다르게 해서 살면 새롭다. 행복이 얽매이지 않는 자유로부터 시작돼 찾아든다. 그야말로 오래된 즉흥과 계획된 우연이 감동을 자아낸다.

제 할 일 하면서 제 목소리 내는 건 당연한데 낯설게 바라보는 시선과 부딪친다. 곱지 않은 시선에서 비꼬듯 나온 말도 때론 오간다. 반전을 이룬 채 위기와 절정의 순간도 실제 겪는다.

며칠 전 센 여자라는 소릴 들었다. 센 여자가 아니기에 그 순간 웃음이 나왔다. 그 말을 전해준 이도 웃었다. 부정적인 의미로 접근하다가 긍정 마인드로 해석했더니 센 여자가 다시 보인다.

세상엔 수많은 여자들이 공존한다. 힘센 여자·드센 여자·거친 여자·미친 여자 등 특이하고 특별한 여자들 세상이다. 내게 센 여자라고 말한 그녀 역시 예외는 아니다. 연체 도서 받아내려고 수위를 높였더니 그게 세게 느껴졌나 보다. 못 받아낸 책이 그녀 공간 어딘가에 있을 것이다. 모두를 위한 센 여자로 남느냐와 누군가에게만 센 여자로 남아야 할 것인가에 대한 관심이 간다.

센 여자에게서 자기 성찰과 세상에 대한 통찰이 보인다. 긍정적인 마인드로 자기 통제가 가능하고 자신에 대한 신뢰와 함께 당당하다. 내재한 힘을 아우르며 수위 조절에 강하고 적마저 감동시켜 품을 줄 안다. 사람을 사람으로 대하며 위험한 상황에서도 오히려 겁먹지 않고 곁을 내어준다. 자기만의 그늘을 만들고 그 그늘에 들어온 이를 내치기보다는 편하게 숨 쉬도록 배려한다.

그런 센 여자가 가까이 있는지 둘러볼 일이다. 여걸에 속하는 인물들이 책 속에서만 살아 숨 쉬는 게 아니다. 센 여자의 자궁으로부터 나왔으니 나 또한 누군가의 자궁 역할을 해야만 할 것 같다. 모성애가 결핍된 자궁에서 환청처럼 내재된 아기 울음소리가 들리는 듯하다. 더 이상 출산하지 않으려고 여자들이 파업하듯 목소리 낸다. 자궁 문을 열어젖히는 정책에도 한계가 있어 보인다.

할 말 있어도 참고 살라는 엄마들이 많은데 울 엄마는 그러지 않았다. 물론 참아야 할 때와 상황 분별하지 못한 채 쏟아내라는 말이 아니다. 누군가 목소리 내야 하는데도 몸 사리며 가만히 있는 공기의 무거움을 참지 못한다. 무거움과 무서움 사이에서 주눅 들지 않고 할 말 하는 사람이 흔치 않다. 금기시된 유리창이라는 높은 벽이 하루아침에 우연히 깨질 것이라 생각할 사람 있을까. 드센 여자들이 갖는 한계를 센 여자들이 가만히 품어 안는다.

쉰 살

 비로소 쉬어도 된다는 의미의 쉰 살일까. 숨을 다시 한 번 몰아쉬며 나아간다는 숨 살로도 읽힌다. 한 살은 한 해를 살았다는 것이고 그 살마다 사람살이가 숨어 있다. 두 번째 스무 살인 마흔이 지나고 찾아오는 어느 한 지점인 채, 쉼표로 다가오는 쉰 살! 오십 살이라 하지 않고 쉰 살이라 부르니 뭔가 다른 느낌이다. 쉼표 찍고 다시 나아가라는 추진력마저 내재 되니 백세시대에 그 의미가 빛난다. 누구나 먹는 나이가 그야말로 아니다.

 나이를 띄어쓰기해 보면 '나'이다. 묻혔던 나의 정체성이 드러난다. 나이를 주도적으로 먹고살면 제 나이에 당당하다. 물건 깎듯이 깎을 필요도 없고 굳이 만으로 눌러 담을 필요도 없다. 지나온 나이와 함께 앞으로 살아갈 자신과도 깎듯이가 아닌 깍듯이 대면한다.

스무 살보다 더 좋은 쉰 살이기에 스무 살 젊음과도 바꾸지 않을 테다. 이미 살아봤고 지나간 스무 살보다는 아직 살아보지 못한 나날이 매력 있다. 스물의 스물을 거쳐 완성된 완성도가 이후의 미완성마저 불러들인다. 쉰 살 안에는 지나온 과거만 있는 게 아니고 앞으로 살아갈 날들도 함께 들어 있다. 쉰 살을 거쳐 간 엄마 인생도 다시 살아보고 까마득하게만 바라봤던 숫자 감각을 되살린다.

연말연시에 떡국 한 그릇 먹고 미리 나이 진급을 자축했더니 강의 기회가 내게로 왔다. 경기도의회 대회의실이 무대다. 도의원들 앞이 아닌 같은 직종 사서들 앞에 선다. 그야말로 오십 년 준비한 강의를 하려 한다. 인생 이력서를 마이크 잡고 풀어갈 생각하니 진땀이 나기도 하지만 그 순간을 상상하는 재미가 있다. 힐링이 주제라니 그에 맞는 이야기로 '성장열쇠, 공감능력'이라 정하고 자기 성찰 단계를 거친다. 지리산 산수유마을에서 태어나 이 자리에 있기까지의 성장담이 진솔하게 드러난다. 죽을 때까지 사람은 성장하고 누군가와 공감해야 한다는 걸 안다. 성장하는 데 따라붙는 통증은 살아 있다는 증거이고 그 통증에 대한 얘기가 오갈 때마다 서로 공감한다.

함께 느낀다는 게 뭘까. 각자도생으로 혼밥과 혼술을 하는 이들에겐 공감과 공감 능력이 필요 없을까. 혼자 해야만 하는 일도 있고 여럿이 어우러져야 할 때도 있는데 그게 잘되지 않아 불안하고 불편한 경우도 많다. 한집에서 같이 살아도 하나의 집이 아닌 여러 집으로 또다시 나뉜다. 각자 자기 방문을 걸어 잠근 채 때론 섬이 된다. 함께 느끼는 일이 점점 도태돼 여러 능력 가운데 하나로 공감 능력은 부각된다. 하나의 문화처럼 자리 잡은 홀로 독(獨)이 또 다른 독(毒)을 뿜어내는 게 아닐까.

공감의 다른 말은 사랑이다. 함께 느낀다는 것이 곧 사랑이다. 한자 함께 공(共)을 손글씨로 써 봤더니 다가오는 게 있다. 수평적인 관계와 수직적인 관계가 보이고 그 안에서 두 개의 느낌표를 발견한다.

공감하는 게 여러 능력 중 하나가 아니라 최고의 능력으로 다가온다. 공감 능력이라 부르니 떠오르는 사람이 있다. 사람과 사물을 아우르는 품이 남다르고 만날수록 기분 좋고 새로운 사람이다. 스스로 공감력이 뛰어나 겪는 불편함도 때론 있다. 나보다 더 나를 공감해주는 사람 만나기 쉽지 않다. 내 얘길 듣고 잠을 이루지 못하고 가슴 아파하는데 스스로도 어쩌지를 못하는 경우다. 쉰 살을 이미 겪은 그녀 앞에서 풀어놓을 이야기가 많다.

이만큼 살아보니 사는 게 이렇더라는 말을 해도 좋은 나이가 쉰 살이지 않을까. 주제넘지 않게 다가오는 그 담담한 이야기에 그저 공감하면 될 뿐이다. 뒤돌아보고 다시 되돌아가다 그렇게밖엔 살 수 없을 것 같다는 이야기에 공감하고 공유하면 된다. 생각의 성장판을 열어둔 채 살다 보면 성공은 자연스레 따라붙으니 성공만을 향해 가는 이들과 다른 행보를 해야 하지 않을까.

때론 보고 싶은 것만 보고 듣고 싶은 대로 듣는 가운데 잘못 해석하기 좋은 나이다. '어, 어?' 반복하며 앞에 했던 이야기를 다시 들려 달라며 다가온다. 장례식장 간판이 재래시장으로 잘못 읽혀도 웃고 넘어간다. 실제 장례식장을 재래시장처럼 드나들며 내 돌아갈 곳에 대해 생각해보는 시기다.

제 나이를 사랑하고 나이 듦에 대해 자축까지 할 정도의 자존감이 필요하다. 하나의 터닝 포인트를 다시 만들고 싶은 적당한 욕망 읽기도 병행하면 좋다. 나이는 깎아야 맛이 아니고 들어야 제맛이라고 넉살 좋게 말하며 웃고 넘긴다.

며칠 전 카카오톡으로 실수 아닌 실수를 했다. "이번 강의에 꼭 오셔서 응원해주시면 아니 오시는 것 자체가 응원이네요" 문맥상 오해의 여지가 있어 얼굴이 화끈거렸다. 공감 능력이 떨어지는 분이었다면 어떠했을까. 답글 없이 떠 있는 그 말을 뒤늦게라도 발견하고 수습해서 다행이다. 아니 오시는 것 자체가 응원이라니! 아니, 오시는 것 자체가 응원이고 힘이 된다는 뜻인데 쉼표 하나가 이렇게 큰일을 해낸다. 우리 또래의 귀여운 실수라며 내 마음을 다 아니까 죄송 안 해도 된다는 그녀와 나의 나이 쉰 살이다.

숨 고르기 처방전

오늘도 어제처럼 들숨과 날숨을 쉰다. 숨 쉬는 걸 의식할 때는 내 몸에 이상이 생겼다는 신호로 감지된다. 숨을 쉰다는 말에서 쉼을 발견한다. 숨과 쉼이 동의어처럼 보인다. 숨 쉴 틈 없이 사는 게 멋지고 성공적인 인생이라고 착각하고 에스컬레이터에서도 뛴다. 바쁘지 않으면 늘 불안하고 뭔가를 해야만 한다는 강박에 시달린다. 숨넘어가는 소리를 해야 뭔가 있어 보이고 먹히는 분위기다.

숨을 거둬 가시는 분이 숨 고르기에 대한 처방전을 기억하란다. 호흡기질환에 대해 처방해주는 의사의 일시적 처방전과는 다르다. 부드럽거나 거친 숨결마저 가만히 느껴볼 일이다.

자가 처방전도 있다. 베스트셀러나 밀리언셀러를 찾아 읽거나 천만 관객 영화 보기로 대중 호흡에 참여한다. 문화로 호흡하면서 살아 있음을 느끼고 공유한다. 숨진 것에서도 그것만의 숨결을 찾아내는 사람에게로 시선이 모아진다. 의미 부여를 통해 끊임없이 세상은 새롭게 발견되고 재생되기 바쁘다. 닭 쫓던 개에게도 지붕 쳐다볼 수 있는 시간이 필요하다. 습관처럼 언제 한번 보자고 약속만 하다가 영정사진 쳐다보는 격이 허다하다.

교보문고에서 누군가를 만나고 광화문 글판을 보면서 걷는다. 상업적인 구호가 아닌 산소 같은 글이다. 2003년 여름에 내걸렸다는 글귀가 따라다닌다. 그해 결혼을 하고 출산까지 했으니 그야말로 숨 가빴다. 유종호 문학평론가가 광화문 글판을 위해 창작한 글로 "시골에선 별똥이 보이고/도시에선 시간이 보인다/벗이여, 우리도 쉬었다 가자"이다.

시골이라고 별똥만 보이고 도시라 해서 어디 시간만 보일까. 공간 설정에 대한 개념보다는 삶을 들여다보는 성찰의 문제로 다가온다. 시골에서 시간이 오히려 더 잘 보이고 별 볼 일 없는 도시라 해도 별똥을 그릴 수 있다.

지리산 친정엄마의 목소리가 듣고 싶어 그냥 걸었다고 하면 바쁘단다. 집 전화를 받아들고 아버진 오늘도 밥 먹었냐고 묻는다. 그 말 말고 다른 말 좀 해보시라 하면 허허롭게 웃는다. 바빠서 끊기도 하고 할 말이 없어서 이야기가 끊기기도 한다.

이십 대에도 노후엔 시골에 내려가 살고 싶다는 말을 한다. 시골이 아닌 쉬골의 의미를 담아 말하는 경우가 많다. 쉬고 싶을 뿐 진짜 시골 삶을 모르기에 하는 말이다. 그저 동경의 대상으로라도 남겨두고 싶은 영역이 있다면 좋다.

시골도 도시도 아닌 어정쩡한 경계선에서 일부러 하늘을 올려다본다. 젊음은 별빛에 매달려 살고 나이 들수록 후덕한 달을 품는다. 하이힐로 지상의 별빛을 만들던 발자국엔 피멍이 들고 인생마다 발자국 만들기 바쁘다.

 저기 저만큼의 거리에 상투적 표현의 손톱달이 떠 있다. 손톱을 휴지에 싸서 버리라 했더니 저기에 던져 놓았냐는 내 목소리가 잔소리처럼 들린다. 음식값 계산을 하고 나오는 남편에게 당신 손톱 저기 있다고 한마디 던졌더니 입꼬리가 올라간다. 달이 차오르듯 손톱도 차오른다. 손톱 깎는 일도 알고 보면 제 살 깎는 일인데 통증이 없을 뿐이다. 손톱 깎을 시간마저 없어 보이는 사람들이 네일아트를 한다.

 촌에 살 때는 촌스럽다는 말이 싫었는데 도시에서 들으면 정겹다. 촌스러움은 자연스럽게 자연을 동경하는 마음마저 품었다. 어설프게 촌스럽거나 세련되면 숨이 차오른다. 누군가의 뒤꽁무니 쫓기 바빠서 그야말로 숨넘어간다.

 여행을 통해서도 숨 고르기 한다. 친정 부모님과 여름 휴가를 다니는데 한번은 여수 흙집으로 모셨다. 흙집 주인이 아버지를 의식하고 시골 분을 흙집으로 모셔오면 어떡하냐고 웃는다. 흙냄새가 모두의 숨통을 트이게 만드는 건 아니었구나 돌이키고 싶었다. 이후엔 명동에 있는 호텔로 모셨다. 첫날밤이라도 치르듯 목욕재계하고 호텔 잠을 달게 주무신다. 북새통 거리를 비집고 다녀도 다리 아프다는 말이 없다.

여름의 며칠을 그렇게 지내고 나면 한 해의 약발이 살아난다. 먹고 마시는 게 보약만은 아니다. 시간을 나누는 보약도 있다. 아들을 위한 추억 만들기와 부모님을 위한 시간 보내기가 동시에 맞물린다. 아들에겐 추억이라는 유산을 남겨주고 부모에게는 효도하는 여행이다.

자연이 주는 위안과 사람이 주는 위로가 맞물릴 때 행복감을 느낀다. 시간 보내기를 누구와 하고 있으며 하길 원하는지도 처방전 항목에 넣는다. 사람의 생명은 유한하기에 자꾸만 영원을 꿈꾼다. 영원히 산다고 하면 그것 또한 못할 짓이다.

결혼기념일이라고 아들 녀석이 사 온 김밥을 차려놓고 포도주 잔을 부딪쳤다. 매 순간마다 의미를 부여하고 자축하는 인생이다. 사랑과 감사라는 말이 어쩌면 들숨과 날숨의 다른 말 아닐까.

글 쓰는 나무

 남편의 자동차와 아들 자전거가 집을 나간다. 내게도 빈둥지증후군이란 게 찾아오겠지. 기동력 있는 두 남자 사이에서 걷는다. 공무원인 남편은 퇴직 후 할 일을 준비하느라 공부한다. 어쩌면 인생 자체가 시험의 연속이고 공부하다 죽는 건지도 모른다. 생각하면 깨달음을 주는 모든 것들이 공부다. 통과의례라는 걸 겪으면서 우리는 끊임없이 단단하거나 유연해지려 애쓴다.

 엄마도 엄마 인생을 살라는 말이 들린다. 대본 속 대사만은 아니다. 동일 인물이지만 일인칭의 나와 삼인칭의 그녀가 마주 앉아 해결점을 찾는다. 삼인칭의 내가 일인칭의 나를 위로한다. 좋아하는 일과 잘하는 일을 일일이 알려주고 알아주는 시간이다.

그야말로 아주 중요한 시험을 보고 2차 면접만을 남겨뒀다. 생각 없이 끓여 줬던 미역국을 먹고 간 남편에게 미역국의 반전을 기대했다. 불타는 합격을 할 것이라고 열정에 방점을 찍었는데 불길이 부부싸움으로 번졌다. 불통의 불똥이 심장에 상처를 남겼다. 이삼일 말문을 닫고 한집에 사니 모든 관계의 문 또한 닫혔다.

말문 닫은 두 사람 사이에서 눈치 보던 아들 방문도 닫힌다. 어린이날 마지막 선물로 자전거를 사줬는데 이사 오기 전 동네로 친구들을 만나러 간다. 자전거 바퀴처럼 생각이 굴러간다. 아들의 속도감은 점점 더 빨라지고 동선 또한 넓어진다. 자기만의 지경을 넓히면서 존재 이유를 찾아간다. 남들이 잘하는 걸 마냥 부러워 멈추거나 자책할 수만은 없다. 좋아하고 잘하는 걸 하면 될 뿐이고 다시 들여다보는 작업이 시간 낭비만은 아니다. 걸으면서 이삭줍기하듯 건져 올리는 게 많다.

 아들 자전거와 함께 엘리베이터를 탔는데 고층에 사는 학생이 인사를 한다. 스치듯 나무 냄새가 난다. 거실 창밖에 있는 벚꽃나무가 손을 내밀면 잡힐 듯하다. 다섯 그루의 키 큰 소나무가 아파트 키에 주눅 든 채 우두커니 서 있다. 그 밑에 의자 세 개를 심어놓았다. 나무는 새들을 부르고 의자는 사람을 부른다. 돌로 만든 담장 너머엔 공원이고 공원은 애들을 부른다. 경비실 할아버지가 의자를 밖에 내놓고 앉아 우리 집을 바라본다. 도둑맞을 일 없겠다. 매일 집에서 나와 집으로 돌아간다. 층층 집들을 머리 위에 이고 산다는 무게감 대신 이층집에 앞마당까지 곁들였다고 상상한다. 텃밭도 있어서 누군가 밭고랑을 내고 가꾼다. 저 나무들과 한가지로 제각각 뿌리내리기 바쁘다. 사람은 사람이고 나무는 나무인 채 따로 놀지 않는다. 나무 닮은 사람으로 나무처럼 산다. 대나무처럼 마디를 만드는 대찬 사람, 참나무처럼 참아가면서 거짓과 참을 구분 지어주는 사람, 뽕나무처럼 솔직한 사람들이다.

나무 없는 세상은 상상하기 힘들다.

초록빛 꿈을 나무가 있어 꾼다. 동화에서 글씨 쓰는 거미가 등장하듯 글 쓰는 나무로 산다. 땔감 찾아 나선 길엔 땔감으로서의 나무만 보였고 배고플 땐 나무의 열매만 좇았다. 글감 찾아 나선 길엔 글감이 널렸다. 걸어 다니는 나무인 양 글감을 매달고 다닌다.

도서관에 덩치 큰 해피트리가 새순을 내놓고 맞바람에 살랑거린다. 나무도 애교를 부리고 떤다. 해피트리라는 이름을 거저 얻었을 리 없다. 그늘 밑 화분들이 잘 자라도록 품고 보살피는 것처럼 보인다. 일찍 나온 이파리와 늦게 나온 잎사귀 색깔이 다르다. 가짜와 진짜 구분한다고 생각 없이 이파리를 찢는 애들도 있다. 닦아주지 않아도 빛나는 게 자정작용이 가능한가 보다. 햇빛 대신 형광등 불빛과 어우러져서도 스펙트럼을 만든다. 위를 향하는 게 아니라 아래로 쏟아지듯 내려와 트리 모양을 이룬다. 사계절 성탄 트리처럼 그곳에 있는 존재감이다.

아이들이 내게 나무 같단다. 글 쓰는 나무다. 늘 그 자리에 있는 사람과 있어줄 것 같은 나무가 한가지로 통한다. 또 다른 해피트리로 움직인다. 전철을 타고 의정부역에서 내린 후 아침에 지나갔던 길을 천천히 되짚어 온다. 대로변 가로수 그늘 밑을 지나는데 사지 잘린 나무들이 뭉툭하게 서 있다. 따가운 햇볕에 이맛살이 찌푸려진다. 죽은 나무가 아니란 걸 잔가지와 이파리들이 알려준다. 간판들을 가리니 자른 모양이다. 새총 모양처럼 잘려서 영화관 주차장 가는 길 입구 쪽에 서 있거나 통나무처럼 은행의 입구에 서 있다. 자르고 잘리는 게 어디 나무뿐일까.

책 속으로 숨어들다

 몸살기가 있으면 아무 생각 없이 푹 자고 싶다. 그런 다음 책을 읽고 싶다. 책 속으로 들어갔다 나오면 마음이 맑아지고 몸도 제자리를 찾아가는 느낌이다. 마흔이 넘도록 제왕절개 외에 입원한 적 없이 살았으니 감사하다.

 돌멩이도 숨을 쉰다는데 작가의 혼이 스며든 책이 기침 소리를 내지 않을까 싶다. 교실에선 선생님과 아이들의 상호작용이 일어나고 도서실에 있는 나는 책들의 인기척을 듣는다. 사서는 내 직업이기도 하지만 취미의 연장선상에 있다. 눈치 봐가며 근무시간에 책을 읽는 것이 아니라 내 일이기에 당당하게 읽는다. 책을 싫어하는 사람이 내 자리에 앉아 있다면 힘들지도 모른다. 사서로 일하는 게 사서 고생만 하는 게 아니라 보람 있다. 읽고 싶은 책이 있고 하고 싶은 일이 있으니 행복하다. 일하면서 느끼는 존재감과 성취감이 새록새록하다.

트리나 폴러스의 『꽃들에게 희망을』을 다시 본다. 나뭇잎을 사각사각 갉아 먹는 배고픈 줄무늬 애벌레가 나온다. 잎을 갉아 먹는 소리와 책 먹는 소리가 닮았을 거라는 생각이 들자 나와 애벌레가 하나로 보인다.

벌레들만 꿈틀거리는 게 아니다. 사람들도 꼼지락대고 꿈틀거린다. 꿈틀꿈틀 기어가듯 마지못해 걸어가는 뒷모습이 보인다. 경쟁에서 이겨야 한다는 생각으로 앞선 사람을 짓밟고 올라간다. 당연한 생각들이 당연하지 않게 다가온다.

또 다른 노랑 애벌레는 고치를 만들고 나비가 된다. 줄무늬 애벌레보다 먼저 나비가 되어 그를 찾아간다. 나비가 되는 방법을 알려주면서 때를 기다린다. 어쩌면 책은 사람이 만들어놓은 고치와도 같다. 고치 속 경험을 통과해야 나비가 될 수 있다. 그야말로 독서의 독(讀)은 독(毒)이 아니라 해독제이다.

내 몸에서 실을 뽑아내어 고치를 만들어야 했다. 스물한 살의 나는 대학이라는 말만 들어도 고개가 돌아갔었다. 치과에서 1인 다역을 했지만 존재감이 없었다. 내 또래 대학생은 대기실에서 전공서적을 보다가 진료실로 들어서서 입을 떡하니 벌렸다. 풋풋한 그 아이의 외모보다는 전공서적 속으로 숨어들고 싶었다.

월급날이면 동네에 있는 김씨글방에 들렀다. 내 속내를 책의 속지에 적어 뒀다. 감출 것도 아닌데 은유로 멋을 부리며 나만의 세계에 갇혔다. 주경야독하며 돈보다는 시간을 벌었다. 그런 이십 대를 앓던 이빨처럼 빼버릴 수 없다. 그 시간들은 나무에 거꾸로 매달려 고치를 만들며 꾸물거렸던 애벌레의 치열한 변태 과정과 맞닿았다. 고치 안에 숨어 있는 시간이 온통 갑갑함으로만 채워졌을 리 없다.

책이 주는 치유의 과정을 거쳐 지금은 나비로 산다. 나비가 꽃 속으로 숨어들듯이 나는 책 속으로 숨어든다. 지금은 시도 때도 없이 피는 꽃처럼 어디를 가나 책을 볼 수 있다. 아름다운 사람이 머물다 가는 공중화장실에도 휴지와 꽃과 책이 하모니를 이룬다.

대출된 책에 무슨 일이 있으면 아이들은 내게 반납하지 않고 도서 반납기에 넣고 달아난다. 대출 나갔던 책이 찢겨 돌아오면 테이프로 제비 다리 감싸듯 싸매준다. 수술이 필요한 책은 글루 건의 뜨거운 맛을 보다가 교장 선생님의 결재를 받은 후 폐기된다.

책이 사람을 닮았기에 사람처럼 대한다. 사람의 생로병사와 희로애락이 책에 고스란히 담겼다. 사람이 책을 위해 존재하는 게 아니라 사람을 위한 책의 정체성이어야 한다. 그래서 도서관 드나드는 사람들을 이용자라 부른다.

도서관 이용교육과 활용수업 외에 한 번도 오지 않고 졸업하는 학생도 있다. 반대로 시간이 날 때마다 달려오기도 한다. 예민한 후각으로 책 냄새를 맡고 마취되듯 빠져들어 시작종이 치는 줄도 모른다. 잠을 깨우듯 현실 감각이 되살아나도록 일깨운다. 다양한 모습이 연출되는 서가를 돌아보는 맛이 있다.

 모니터 앞에서 나만 바라보던 아이가 있어서 쉬는 시간에 친구들과 수다 떨며 보내라고 표현해도 가지 않는다. 친구가 없어서 도서관에 오던 애들이 서가 책 속으로 숨어든다. 숨어든 아이들을 술래처럼 찾아 나서며 이젠 책 속에서 빠져나오라 한다. 지금껏 상을 받아본 적 없는 아이와 공부와는 거리가 있는 아이들이 도서관에서 주는 상을 받는다. 아이들의 성장소설엔 변수와 반전으로 가득하다.

책 장례지도사

폐기 도서들이 수레에 실려 나간다. 청소하는 아주머니가 강냉이하고 바꿔 먹으면 좋겠단다. 화장터로 데리고 가는 것 같다고 배움터지킴이도 끼어든다.

독서의 달 행사를 치르며 폐기 도서 중 갖고 싶은 책이 있으면 가져도 좋다 했는데 교복 입은 아이들 반응이 차갑다. 낡고 지저분한 것에 대한 애착보다는 새롭고 자극적인 것에 더 예민하다. 새 책 들어왔을 때와 맞먹는 반응을 애초 기대한 건 아니어서 거리감 있게 바라본다.

폐기 사유에 '이용 가치 상실'이나 '훼손'으로 기록했다.

세로줄로 돼 있거나 몇 년 동안 대출되지 않은 채 자리만 차지하고 있으면 이용 가치 상실로 처리된다. 신간이어도 인기가 너무 좋아 서가에 꽂힐 새 없이 손을 탈 경우 금세 훼손되기 마련이다. 사람이 순서 없이 죽는 것처럼 책의 사망도 마찬가지다.

상처의 정도에 따라 대일밴드를 붙이거나 수술을 하듯이 책도 사서의 손을 거친다. 실로 꿰매기도 하고 투명테이프를 붙이거나 글루 건으로 뜨거운 봉합을 하기도 한다.

장례지도사가 주검을 어루만진다면 책은 사람 마음을 만진다. 어떤 사람을 만나고 책을 읽었느냐에 따라 사람살이가 달라진다. 하루에도 사계절이 담겨 있고 생로병사를 드러내는 게 많다. 제 때에 물을 줬는데도 꽃 한번 피우지 못하고 죽어가는 화분도 한 권의 책처럼 읽히긴 마찬가지다. 느끼지 못할 뿐 보이지 않는 게 아니다. 떠오르는 햇살보다 지는 햇살이 더 뜨겁다기에 서쪽 하늘을 바라보며 퇴근한다. 폐기 도서에서만 맛볼 수 있는 더 뜨거운 뭔가를 찾는다.

퇴직 후에 학교 다니는 걸 좋아하는 배움터지킴이다. 젊어도 봤고 늙어도 봤는데 젊은 사람들은 늙음을 모를 거라며 나이 드는 것마저 즐기는 분이다. 어리거나 젊다는 게 어느 순간 부러움으로만 다가오지 않는다. 단풍이 들듯 나이 들면 어떤 나로 변화할지 기대된다.

도서실에서 커피 한잔 마시는 것도 즐거움이다. 웬만한 거친 숨소리가 꺾일 만한 분위기다. 책이 한 그루 나무로 책의 숲처럼 서가가 보일 때 힐링 된다. 도서실에 뿌리내린 지 5년째인데 못생긴 나무가 산을 지킨다는 말처럼 책을 지키다 책이 된다.

입학식과 졸업식이 반복되고 교문에 내걸리는 현수막도 반전에 반전을 거듭하진 않지만 학교 드나드는 게 새롭다. 그 어느 곳보다 도서실은 창의적인 공간이다. 작품 퇴고에 몰입하면서 내 책이 서가에 꽂히는 걸 꿈꾼다.

폐기 도서에 감정이입 하다 보니 수목장 얘기가 자연스레 나왔다. 이왕이면 유실수가 좋고 아낌없이 주는 나무와 도서실 의자처럼 그루터기로 남아도 좋다. 동두천 토박이인 배움터지킴이는 은행나무집에서 산다. 수령이 많은 은행나무를 가족 소개하듯이 한다. 아침 햇살과 함께 밭곡식들을 깨우고 가방이 아닌 기타를 메고 출근한다. 하모니카를 연주하며 목소리 콤플렉스를 극복한다. 도움반 아이들에게 하모니카를 가르쳐주면서 배우러 다닌다. 마당을 나온 암탉처럼 아이들 뒤를 쫓기도 하고 품기도 하다가 숨이 차오르면 기타를 친다. 퇴직 후가 더 바쁘고 진짜 사는 것 같단다. 들꽃을 찍다가 들꽃처럼 예쁜 아이들을 찍어서 이메일로 보내주니 아이들이 순해진다.

학생일 때는 학교를 떠나려 하고 정작 학창 시절을 벗어나는 순간이 오면 학교가 그립다. 눈이 좋을 때 딴짓하다가 정작 노안이 찾아오니 책을 읽고 싶고 죽음을 접할 때마다 살고 싶다. 역설적이고 아이러니하면서 반전 있는 게 어디 문학작품 속에서만 가능할까.

청구기호와 바코드를 달고 인기를 먹다가 전사하는 책의 일생이다. 염하는 과정을 지켜보지 못했지만 마지막 표정이 신경 쓰인다. 지켜보는 이들에게 무섬증을 주지 않고 상상의 여지를 줄 수 있다면 좋겠다. 살아 있을 때의 모습에 최대한 미치려고 화장을 해주기도 하는데 마지막 표정 관리는 장례지도사를 통해 완성되는 게 아니다. 화장터에서 불에 태워도 소멸되지 않는 게 있을 것이다.

질기긴 해도 폐기된 닭이 맛이 있다며 친정엄마는 가끔 압력솥에 통마늘을 듬뿍 넣고 닭을 삶았다. 압력밥솥이 딸랑거리다 멈추면 김을 빼줘야 한다. 내게 있어 책 읽기와 글쓰기는 책을 만지는 일과는 조금 다르다. 좀 더 적극적으로 김을 빼야 해서 덤벼든다.

새 책이 들어오면 책의 장래가 밝아 아이들과 깔깔 웃고 폐기 도서를 대하면 책의 장례를 치러야 하는 통증으로 시무룩하다. 기일을 지키듯 연례행사로 책의 장례를 치른다. 책의 장례지도사로 스스로를 임명한다.

강남 눈썹

 인서울이란 말과 강남 진출이라는 말에 자극받는다. 대학은 인서울이 관건이고 사는 주소지가 강남이란 게 자부심으로 연결되는 세상살이다. 강남 가서 박씨 물고 올 제비를 꿈꾸기보다는 사는 곳이 어디든 열심히 사는 데 의미를 뒀다. 눈썹이 휘날리도록 살아도 만족할 줄 모르는 인생이다.
 눈썹 그릴 시간마저 없이 사는 현실을 인정하면서 반영구적인 눈썹을 강남에서 그리기로 했다. 서울 강남에 반영구화장 특허 1호가 있다. 동네에서 받는 가격의 몇 배지만 일부러 강남까지 찾아간다. 뭔가 다를 것이란 기대감 때문이다. 예뻐지고 싶은 욕구를 충족시키기 좋은 곳이다. 전철을 갈아타고 2차 시술을 받으러 갔다. 네 시간 정도 소요된 1차 시술 때와는 다르게 대기실에서 눈썹에 마취약을 바르고 기다리는 사람들이 많다.

  감각은 마취된 상태에서도 살아 있다. 씀벅씀벅한 느낌 위에 눈썹이 이식되는 것만 같다. 머리카락은 머리카락이고 눈썹은 눈썹인데 눈썹에 머리카락을 이식하면 머리카락이 눈썹에서 계속 자란단다. 머리카락은 머리에서 자라야 아름답고 눈썹은 눈썹 자리에 있을 때 예쁜데 뭔가 꼬인 결과다. 사람에게도 자기 자리가 있고 어디 머리카락과 눈썹뿐일까. 마취약을 바르고 1시간 넘게 기다렸는데 시술 시간은 10분도 채 안 걸린다. 눈썹의 두께와 넓이를 조절하여 전체적으로 자연스럽고 조화롭게 보이긴 하다.

  남자의 눈썹은 이미지와 인생까지 바꿔주는 모양이다. 시술자에게서 에피소드가 계속 나온다. 애인 없는 남자가 이곳을 거쳐 간 후 여자들이 줄을 섰다고 할 정도로 남자에게 눈썹 비중이 크다는 걸 말하는데 하고 싶은 말은 따로 있다. 강남 사람들이 어디서 왔냐고 물었다. 오가는 말대답 속에 의정부와 강남이 비교되고 나와 그녀들은 비교 대상이 됐다. 그들은 의정부 부대찌개가 얼마나 맛있냐고 물었다. 강남 물가와 메뉴판에 시선이 갔다. 사람 사는 게 과연 거기서 거기고 먹는 것 또한 그 밥에 그 반찬일까.

사람 눈썹에 대한 시선과 해석도 달라졌다. 1차 시술 후 돌아온 내게 아들은 대뜸 엄마 눈썹을 찾아오라고 낯설어했다. 눈썹 시술을 성형수술과 연결시켜 수술하다 죽는 사람도 있다고 겁을 주면서도 여자는 죽을 때까지 가꿔야 하는 거라고 진짜 하고 싶은 말을 한다. 눈썹이 만들어준 강남땅 밟기는 한 번 더 남았다. 동행하는 친구는 의정부 토박이고 나와 다르게 자연미인이다. 성형으로도 해결되지 않는 뭔가 있고 아름다움에 대한 인간 욕망은 끝이 없다.

사람은 어디서 사느냐보다 어떻게 사느냐가 더 중요하

다. 눈썹에 그 사람 성격과 성질머리도 꿈틀댄다. 어디서 사느냐로 접근하면 상대적인 비교 대상이 된다. 하지만 어떻게 사느냐고 물으면 할 말이 많고 생각보다 괜찮은 나와 우리들이다. 지리산 산골에서 나고 자란 유년의 뜰도 어떻게 바라보느냐에 따라 달라졌다. 성장기의 결핍은 오히려 나를 성장시키는 기폭제였다. 앞으로도 어떻게 살아갈까에 대해 되물을 것이다. 아침 출근길에 하루 살 것을 생각하고 다음 날에도 하루살이 기도는 멈추지 않고 시작된다. 하루살이에게만 해당 되지 않는다. 일생을 보여주는 축소판으로 일상은 빛난다.

강남 입성을 목표로 했던 사람들이 강남을 주거지로 살고 있을 것이다. 그들이 어떻게 살고 있는지는 구체적으로 모르겠다. 예측에도 한계가 있다. 그들의 일상에 관심 갖고 꿈꾸는 이들을 위한 소식이 매일 수면 위로 떠 오른다. 의정부에서 서울로 들어가는 사람들이 주변에 있다. 아이들 교육 때문에 이사 간다고 했다. 서울로 들어가는 것인지 서울로 나가는 것인지 뭐가 뭔지 모르겠다. 인서울이라는 말의 조합에는 성공과 부러움이 담겼다. 강남은 서울 중에서도 차별화된 서울이다.

의정부 주거공간이 이사 가자는 유혹에 가끔 흔들린다. 누군가 인서울 했다는 말에 남편이 흔들린다. 아파트 3층까지 자란 소나무들 때문에 이사하기 싫다는 내 말을 어이없게 듣는다. 시골 같은 변두리 배경이 아들의 정서와 연결되어 풍요로움을 줄 것이다. 지리산에서 자연과 말 걸며 자란 내 성장 배경이 그런 믿음을 준다.

내 눈썹을 강남 눈썹이라 이름 붙였다. 너무 자연스러워 사람들이 알아보지 못하길 바라면서도 한편으로는 물어봐 주길 바란다. 강남은 이솝우화에 나오는 신 포도일지도 모른다. 그야말로 보암직도 하고 먹음직스럽기도 하다. 거기서 살고 싶은 것과 살고 싶지 않은 것 모두 선택이다. 주거지 문제는 어떻게 살아갈 것인가와 맞물린다. 흔들릴 수는 있어도 휘둘리지 않는 그 무엇이 있기에 눈썹에도 힘이 들어간다. 강남 눈썹의 유효기간은 3년 정도이다.

일품 결혼

 신랑 이름은 정일품이다. 아버지가 총각 때부터 지어놓은 이름이고 그 이름대로 됐다. 이름의 무게감에 짓눌리지 않고 깃든 의미 찾기에 집중했을 것이다. 결혼식장은 충무로역 부근이다. 아들의 결혼식이 너무 엄숙하게 진행되지 않고 유쾌한 분위기이길 바란다고 아버지가 말했다. 주례 없이 진행되는 요즘 결혼식인데 뭔가 다르다.
 코로나19가 기승인 중에도 하객이 제법 많다. 바이러스라고 모두 나쁜 게 아니듯 사람 또한 나쁜 사람들만 있는 게 아니다. 사람을 죽이는 바이러스도 있지만 살리는 바이러스도 있을 것이다. 건강과 사람에 대한 생각이 평소보다 많아지고 증폭됐다. 사람을 사람으로 알아보고 인정할 때 사랑의 열기가 좋은 기운으로 작용할 것이다.

사랑이 최고의 백신이고 사랑하는 사람 또한 면역력의 근원인 것처럼 다가온다. 생사를 오가는 곳에서도 훈훈한 미담이 등장해 감동을 낳고 온기로 남는다. 코로나에 온갖 일이 묻혀 보여도 그 안에 봄기운처럼 느껴지는 게 있어 다행이다.

일품 신랑에 대한 따뜻한 에피소드도 들린다. 아버지와 아들 성향이 비슷해서 사춘기 아들 행동에 대해 예측 가능했고 유머러스한 순발력으로 대처한 모양이다. 아들을 믿어주는 아버지의 신뢰에 존경의 눈빛으로 화답하는 모습이 당당하고 여유롭다. 아버지가 걸어간 길을 지켜본 아들의 눈동자를 초롱 신부가 지켜본다. 보편적으로 대하는 아버지들의 대사를 따라하지 않고 다른 말로 반전을 이뤘다. 물이 반밖에 없다는 것과 물이 반씩이나 있다는 말로도 들리고 해석됐다.

흥이 많아 춤추고 노래하는 것을 좋아하는 아버지 기질이 아들에게도 보인다. 고등학교 시절 의자와 마찰하며 씨름하던 일품이의 교복 바지는 금세 해졌다. 교복 바지를 여섯 개나 사 입고 원하던 대학에 들어갔다는 말에 입이 벌어진다. 마찰에서 사유가 싹튼다. 아버지와 아들의 마찰로 인한 이야기가 또 다른 사유를 낳는다.

인간관계의 단절을 일으키는 코로나19도 일품 결혼식 분위기에 제압된 듯 보였다. 이름처럼 초롱초롱한 눈망울의 신부가 계단을 밟고 내려온다. 생화로 장식된 예식장 향기와 해맑은 웃음이 어우러져 숨죽이던 감각들을 일깨운다. 사랑하는 사람의 손을 맞잡고 이유 없이 감사하고 마냥 웃고 싶도록 만든다.

신랑의 축가가 끝난 후 아버지의 축가가 이어졌다. 「뿐이고」라는 트로트 가사를 상황에 맞게 바꿔서 부른다. 트로트가 대세인 요즘 분위기도 한몫했지만 폭발적인 반응에 열기는 고조됐다. 수줍게 웃던 신부마저 더 이상 참지 못하고 크게 웃는다. 아버지의 콘서트장처럼 가사에 맞는

제스처를 신랑 신부가 따라하고 신부 아버지가 덩실덩실 춤춘다. 하객들은 원탁 테이블에 앉아 동그랗게 웃으며 온갖 시름으로부터 해방된다.

가난에 휘둘리지 않고 살아온 아버지의 직업을 들은 것만 해도 두 자리 숫자에 가깝다. 기생이 아닌 공생을 추구하며 춤추고 노래하는 인생이다. 유머감각까지 곁들여 나이 차이가 느껴지지 않는다.

일품 신랑은 공부만 파고들었던 게 아니다. 신랑 친구들이 너무 많이 와서 사진을 세 번에 나눠 찍는다. 의자에 죽기 살기로 앉아서 목표를 향해 갔던 그 소리 없는 아우성마저 묵직하게 찍히고 즉석 사진처럼 그 자리에서 보여준다. 일품이라는 이름에 걸맞은 학교에 가고 친구들과도 실컷 놀아보겠다던 그 욕망마저 사진 속에 고스란히 담겼다.

인품 있는 아버지를 통해 일품 신랑을 바라본다. 함께 하지 못했던 아버지의 젊은 시절을 아들을 통해 보니 보였다. 축제처럼 즐기면서도 존재감과 무게감을 더 느낀

결혼식이다. 엄숙한 분위기에서 식을 진행한다고 진중하게 남는 건 아니다.

다시 되돌아오기 위해 마스크를 꺼냈다. 식이 끝난 뒤 걷기 좋을 만큼의 비가 내린다. 우산 속 작은 공간에서 주고받는 이야기에 사람 체온이 느껴진다.

오래된 콘텐츠에도 형식의 무게감을 빼고 변화를 줄 때다. 결혼식만을 의미하는 게 아니고 형식적인 것으로 치중된 채 본질이 훼손된 모든 행사에 해당된다. 누군가 찾아와 만나고 싶다고 편하게 말할 수 있도록 살고 있는지 모르겠다. 바쁘게 사는 데만 급급해서 주변을 아우르지도 못하고 살다 갈까 봐 두렵다. 서로 윤택하게 살라고 아들 이름을 상윤이라 지었는데 이다음에 찾아올 아들의 결혼식을 상상한다. 간만에 신부도 돼 보고 신랑도 돼 본다. 신랑 아버지와 각별한 사이라는 이유로 엄마보다는 신랑 아버지가 돼 본 특별한 날이다.

학교도서관 일기

 도서관 일기에 예리한 촉이 생겼다. 매일 출근할 수 있다는 보장이 없어 불안해서다. 적어야 생존한다는 뜻으로 적자생존의 의미는 변화했다. 어느 날 학교장이 뒤통수치던 상황도 고스란히 적혀 있다. 회식 자리에서 술 한잔 따라주며 잊으라 했지만 잊지 않기 위해 기록하는 것이다.

 도서관 일지보다는 도서관 일기 쓰기를 권한다. 기계적인 일지 쓰기와 다르게 일기엔 관찰과 성찰이 담기며 세상을 통찰하는 힘이 있다. 자기 자신을 잃거나 잊지 않기 위한 최상의 작업이다.

학교의 심장이 학교도서관이라고 했더니 금연교육에 한창인 보건교사는 학교의 폐가 보건실이라고 하여 웃는다. 학교에 폐 끼치지 말자고 언어유희 하며 학교 안에서의 역할을 돌아봤다. 학교 안에도 비정규직 숫자가 점점 더 늘어나는 분위기다. 대체가 안 되는 중요한 사람으로 자리매김하기보다는 대체가 언제든 가능하니 대책 없는 일이 생긴다.

두뇌 역할 하는 이들이 책 읽지 않으면서 독서교육을 강조한다. 사람의 마음을 읽기 위해 책을 읽는데 읽지 않으니 소통이 어렵다. 책 읽기는 다른 사람의 생각을 받아들일 준비가 돼 있다는 행동으로 보이고 다가온다. 리더(Reader)가 곧 리더(Leader)로 읽힌다.

무기계약직이 되고 교육감 직고용 직종이 됐지만 학교도서관 사서는 여전히 비정규직 노동자다. 정규직이 되기 위한 제자리 찾기 과정은 지금도 현재진행형이다. 교육청 앞에서 피케팅과 집회를 하고 파업마저 나가지만 급식실과 도서실 문 닫는 것에는 체감의 차이가 있다.

비(非)정규직이 비(飛)정규직이 되길 희망하면서 내 안의 잃어버린 날개를 찾는다. 아닌 것을 아니라고 말할 때 날개는 돋아난다. 자기 정체성을 찾아가는 일이 물음표와 느낌표로부터 시작된다. 커다란 물음표 하나를 연대해서 만들고 학교 담장을 넘어 광장으로 나아간다. 서울시청 앞 광장은 수많은 물음표들의 집결소였다.

도서실을 나와 전국노동자대회와 광화문 세월호 집회에도 간다. 광장에 모인 사람들의 투쟁은 결사적이다. 생존과 생계를 위한 투쟁 현장 목소리에 미사여구가 담길 리 없다. 광장에 나가보지 않고 살았던 그동안의 물살이 스친다. 강물은 흘러 큰 바다로 가듯이 목소리는 뭇의 소리로 파도를 만들며 파고들었다. 광장은 밀물과 썰물이 드나드는 공간이다. 성난 인파가 어떤 파도를 만들지 알 수 없어 긴장감이 돈다. 일기예보를 통해 우산을 준비하듯이 광장 일기예보에 민감한 이들이 미리 겁먹고 인간 폴리스라인을 만든다.

돌멩이 맞은 사람들이 소리를 내는 건 당연한 이치다. 누구도 어찌할 수 없는 상황이 있고 누구나 피할 수 없는 순간이란 게 있다. 위험하니 맨 앞에 서지 말라는 말도 귀에 들어오지 않을 때가 있다. 위험하고 힘든 일에 앞장선 사람의 주먹을 가만히 들여다볼 일이다. 그들의 주먹보다 더 세고 생생한 마이크가 과연 있을까.

광장을 나와 거리 행진하는데 내가 그랬듯이 낯설게 바라보는 시민들 시선이 느껴졌다. 그들이 바로 나고 내가 그들이라는 생각으로 나아갔다. 초록 조끼 벗은 후 지하철을 타고 집으로 돌아오는 길이 낯설다. 바둑 좋아하는 아들을 물끄러미 바라보고 무표정한 거울 속 내 얼굴도 봤다. 다시 도서실로 출근하는데 어제와 다른 도서실이다.

광장에서 있었던 일이 신문에 실리고 뉴스에도 나온다. 관찰을 통한 발견의 시간들이 기피가 아닌 깊이를 더한다. 성찰과 통찰의 순간을 만들어낸다. 자기 몫을 다하는 가운데 목소리 내는 사람들이 세상을 바꾼다. 도서관일기 쓰는 사서들이 새로운 도서관을 만들고 이끌어 갈 것이다. 책만 만지는 사서가 아니라 책 읽기를 멈추지 않고 현장 소리에 귀 기울인다. 학교의 정체성과 광장마저 담아내고 현재와 미래를 아우른다. 책 읽기와 도서관이 부각 되는 이유와 함께 사서도 조명받아야 한다.

비정상적이고 비정규직인 것에 눈길이 머물고 마음이 간다. 뭐가 정상이고 비정상인지 어떤 게 상식이고 비상식인지 따지기에 지친 세상과 세태이다. 도서실이니까 무조건 정숙을 강요하는 것 자체도 어쩌면 배려가 아닌 폭력이다. 매일 쓸 게 없는 것처럼 보여도 그날의 날짜를 적으면 커서의 움직임에 따라 쓸 말이 생긴다.

의미형 인간

소확행이 무슨 뜻이냐고 물었다. 축약어마다 풀어내면서 나누는 재미가 있다. 예산이 들어가지 않아도 재미와 의미를 찾고 갖게 되는 일이 의외로 많다. 정보화시대에 공유와 공감이 대세일 수밖에 없는 이유들이다. 그만큼 사람들이 삶의 의미와 이유를 찾으며 살고 있는 게 보인다.

인공지능이 등장한 시대에 어떻게 살고 죽을 것인가에 꽂힌다. 가족이라는 이름으로 한집에 살아도 체감되는 삶의 온도가 다르다. 가상현실과 현실에 대한 인식의 차이로 같은 시대에 머무를 뿐 세대 아우르는 시공 체감이 다르다. 틀리다와 다르다에 대한 혼동처럼 혼돈이 일어나고 부딪친다. 그야말로 사람이 옆에 있어도 사람이 그리운 나날이다.

작은 것이 주는 확실한 행복을 소확행이라고 자신감 있게 말했는데 누군가 원래 뜻이 따로 있다며 살짝 비튼다. 소비가 확실한 행복이라는 데에 딴지를 걸 수 없다. 솔깃하면서도 씁쓸하다. 사람들은 소확행을 향해 온갖 감각 동원해 치닫는 중이다. 행복이 아닌 행운을 추구하는 소확행도 있다.

달력엔 온갖 기념일이 많다. 4월 세계 책의 날과 저작권의 날은 세계적인 대문호 셰익스피어와 세르반테스 사망일에서 나왔다. 4월이 사(思)월로 읽히면서 사(事)월을 낳는다. 도서관마다 책의 날 행사를 하는데 뭘 할까 생각하고 의미 부여하는 단계를 거친다. 사람은 시간이 있다고 억지로 움직이기보다는 의미와 가치가 있어야 행동한다. 자기 성취감과 존재감이 연계되면 가만히 있지 못한다.

학교도서관 이름부터 바꾸고 나서 현판 바꾸기를 시도한다. 현판으로 내걸릴 도서관 이름에 의미를 담아 홍보한다. 중학교 도서관이 북적북적해지길 바라는 기원이 담겼다. 북적Book적 도서관이라 불렀더니 그 이름대로 이뤄진다.

현판 글씨체 고민하며 거리를 걸으니 눈에 들어오지 않던 간판 글씨체가 보인다. 사진 찍은 후 그 가게에 들어가 모르는 이와 말문을 연다. 학교장상을 내걸고 도서관 이름꾸미기대회도 연다. 학생들 관심이 도서관으로 모아지고 선생님들과의 연계도 일어난다.

간판을 바꾸면 뭐가 달라지냐는 교장 선생님의 질문에 보이지 않는 가치에 대해 말했다. 과학 과목을 가르쳤고 장로님이신 분이 정말 몰라서 물었을까 싶다. 태초에 말씀으로 천지를 창조하셨다고 성경 창세기는 시작된다. 성경에 나오는 이름들엔 의미가 있고 그 이름처럼 살다 갔다. 어릴 적 친구가 개명한 이름으로 불러 달라는 데엔

분명한 이유가 있다. 온갖 이름 짓기에 심혈을 기울일 수밖에 없는 이유들이다.

상담실·보건실과 함께 도서실도 학교 안에서 특별실에 속한다. 상담 샘·보건 샘·사서 샘으로 불리는데 내 이름을 불러주는 관리자나 교직원을 만나면 친밀감이 솟구친다. 내 이름을 불러주는 누군가 있고 나를 알아주는 이 있는 곳으로 사람 마음은 가게 돼 있다. 사람은 원래 그렇게 지어졌고 움직인다. 사랑 또한 변함없는 사랑과 변하고 이동하는 사랑으로 나뉜다.

전교생 이름을 부르며 책 대출해주니 이용자가 늘었다. 이름을 불러주면 학교폭력도 줄어든다. 얼마 전 아이돌 스타가 온 줄 알았다. 아이들이 창문으로 얼굴 내밀며 환호성을 쏟아냈다. 누군지 궁금했다. 다른 학교로 갔다가 잠깐 들른 사십 대 후반의 여 선생님이 주인공이다. 그 비결이 뭘까 찾았는데 애들 이름을 부르는 데 있었다. 번호로 부르거나 다른 대명사가 아닌 이름을 기억하고 불러준다. 이름을 기억한다는 게 어려우면서도 쉽다. 기억력을 탓하기 전에 의미 부여하려고 애쓰면 된다. 그 사람만의 장점과 연결시켜 저장해도 좋다.

자기 이름에 깃든 뜻을 의외로 모른다. 누가 내 이름을 지어줬고 한자로 어떻게 쓰는지 모른다. 이름에 깃든 의미나 사연을 나누면서 친밀해진다. 졸업한 후에 찾아와서 제 이름 기억하냐고 묻는다. 그런 너는 내 이름을 아느냐고 반문하면 표정이 달라진다. 상황에 걸맞게 움직이면서 매사 의미 부여하다 보면 자기성찰의 힘이 생긴다.

생존의 늪에서도 의미는 가라앉지 않고 부각된다. 생활이 힘들어도 매몰되지 않고 버티는 힘으로 작용한다. 견딜 수 없는 건 무의미한 순간이다. 꽃 피는 시기가 달라서 봄날은 더 환하다. 엎드려 자는 아이 이름마저 부르기 좋을 때다. "내가 그의 이름을 불러주기 전에는/그는 다만/하나의 몸짓에 지나지 않았다//내가 그의 이름을 불러주었을 때/그는 나에게로 와서/꽃이 되었다"고 말하듯 읊는다.

체온이 묻어나는 동사형 언어가 튀어나온다. 지금 이

순간에 대한 의미 부여가 사는 맛을 이끌어낸다. 너의 이름은! 책 이름이기도 하고 그 책을 빌린 네 이름이기도 하다.

뾰족구두를 벗은 초록여우

2020년 6월 30일 초판 1쇄 펴냄

지은이 _ 양효숙
펴낸이 _ 양문규
펴낸곳 _ 詩와에세이

신고번호 _ 제2017-000025호
주　　소 _ (30018) 세종특별자치시 조치원읍 돌마루5길 2, 104호
대표전화 _ (044)863-7652, 070-8877-7653
팩시밀리 _ 0505-116-7653
휴대전화 _ 010-5355-7565
전자우편 _ sie2005@naver.com
공 급 처 _ 한국출판협동조합
주문전화 _ (02)716-5616
팩시밀리 _ (031)944-8234~6

ⓒ양효숙, 2020
ISBN 979-11-86111-81-9 (03810)

* 지은이와 협의하여 인지는 생략합니다.
* 이 책 내용의 전부 또는 일부를 재사용하려면 반드시 지은이와
  詩와에세이 양측의 동의를 받아야 합니다.
* 책값은 뒤표지에 표시되어 있습니다.

이 도서의 국립중앙도서관 출판예정도서목록(CIP)은 서지정보유통지원시스템 홈페이지(http://seoji.nl.go.kr)와 국가자료공동목록시스템(http://www.nl.go.kr/kolisnet)에서 이용하실 수 있습니다.(CIP제어번호: CIP2020023458)